大展好書　好書大展
品嘗好書　冠群可期

大展好書　好書大展
品嘗好書　冠群可期

武術特輯

140

王薌齋
的大成拳

附VCD

何鏡平 著

大展出版社有限公司

站樁班老照片

王薌齋先生像

作者練功照

作者練功照

作者輔導練功照

作者簡介

何鏡平，1928年出生於北京。1943年開始從師王薌齋先生習練大成拳，並進一步建立了密切的師生情誼。

1960年初，協助薌齋先生在北京中醫研究院開展大成拳養生樁治療工作。1960年始，開始業餘參加北醫第一附屬醫院精神科及海軍醫院用站樁功治療神經衰弱病的綜合治療；參加過中國科學院心理研究所王景和、陳雙雙主持用站樁功測試低負荷試驗；開始業餘教站樁功，講課數百次。

何先生酷愛大成拳，始終主張和呼籲薌齋先生拳學事業的後繼者，要認真遵守王薌齋先生「繼承、發展大成拳拳學思想」的遺願，提倡正確的學術之風，使大成拳沿著正確的軌道向前發展。

寫在前面

——關於《王薌齋的大成拳》

2008年12月10日，何鏡平先生的夫人張麗貞老師來電話，告訴我「老何昨天走了。」——又一位能夠見證王薌齋和王薌齋那個時代的人去了，心中一陣悵然。

何先生是《武魂》雜誌的一位熱心作者，這些年他在《武魂》上刊登的文章，都是筆者經手編發的。雖然我們只在大成拳門人的集會上見過一兩次面，而這所謂「見面」也不過是打個招呼而已，但透過電話，我其實早已熟悉了那個在平和、沉穩、爽朗之中，透出幾分執著的聲音。

確實，何鏡平先生是執著的，從他給《武魂》的第一篇稿件《概述王薌齋先生大成拳的拳學思想理論》就可以感覺到，作為薌齋先生的學生和拳學事業的後繼者，他是把宣講、傳播王薌齋先生真實的拳學思想和實踐，當成了自己從事拳術活動的唯一使命。這份對於使命的執著，在之後發表的一系列文章中有了更多的體現。

何先生2007年11月22日寫給筆者一封信，信中說：

　　大成拳王薌齋先生逝世後，在不同時期學術思想出現的不同看法介紹如下：

一、對大成拳與意拳的看法（見附件一）；

二、對出現偽造師承系譜的看法（見附件二）；

三、對「薌齋先生」「人體動力學」的看法（見附件三）；

四、對篡改薌齋先生指導練功詩詞的看法（見附件四）；

五、對發功放氣的看法（見附件五）；

六、對中國武術發展未來之瞻望（見附件六）。

以上材料寄去參考。

致禮

何鏡平

2007.11.22

當時沒有明白何老為什麼突然寫來此信，因為隨信寄來的幾篇文章，大多已在本刊發表過，只有《薌齋先生逝世後大成拳的走向》一文是新作。因為忙，此事未及詢問就放下了。編輯部接到此信是2007年12月12日，而何先生是2008年12月9日逝世，還差三天就剛好一年。

2009年《武魂》第1期上，刊發了何先生逝世的消息和那篇關於大成拳走向的文章，此文成了何先生在《武魂》雜誌上的絕筆！

一切都好像冥冥中已經契合了那樣，我現在總願意認為，這封信，似乎是何先生預感到了什麼而對我默默的囑託。我想，他一定是在籌畫著寫一本書，而那信，分明就是為這本書列出的部分目錄。那麼，何先生是不是也一定

希望我為他做些什麼呢？

於是，就有了我為編纂何老此書出力的自告奮勇，就有了張麗貞老師的充分信任，就有了與何先生弟子的密切合作，就有了在何鏡平先生逝世將近兩年的時候，這本《王薌齋的大成拳》，與讀者的見面。

關於此書，有幾件事情，需要向讀者做一交代：

1. 此書之所以定名為《王薌齋的大成拳》，是因為何先生在本書中所寫的文章，主旨只有一個，那就是依據他與王薌齋先生的親密接觸和深入觀察，從多個角度和層面介紹了王薌齋先生的拳術理念，始終主張和呼籲要繼承、發展王薌齋正確的大成拳拳學思想，對那些篡改薌齋先生學術思想並妄稱正統者做了毫不妥協的揭露和批評。特別要說明的是，本書收集了作者在王薌齋先生健在時，由王薌齋親自指導下撰寫的多篇關於大成拳養生樁及王薌齋養生思想研究的論文，內裏提供了當年王薌齋先生從事養生樁教學實踐的種種相關史料。由於這些文章，完成於王薌齋先生健在之時，且基本都經過王薌齋先生的審閱，因此其所表述的觀點，應該更接近於王薌齋，這也就使本書的這部分內容，在具備相當學術研究價值之外，還具備彌足珍貴的史料價值。何先生力圖透過他的文章讓讀者知道，什麼是王薌齋先生所傳授的「大成拳」。正是基於以上理解，編纂者自作主張，替何先生為本書取了這樣一個名字，何老九泉有知，想必不會怪罪吧。

2. 本書有關「王薌齋大成拳養生樁」的七篇文章，是依據文章寫作的實際時間順序編排的，從1960年初的

《我對王薌齋先生（站樁療法）的實踐和體會》至1980年6月6日《王薌齋先生大成拳養生樁概論》，時間跨度20年，七篇文章之間，文字或有重複。編纂者苦心，希望讀者從中看到何先生在20年的時間裏，對「王薌齋大成拳養生樁」由淺入深、由表及裏的認識心路，而萬勿以冗文等閒視之。

3.《王薌齋先生大成拳養生樁概論》一文第二章《大成拳養生樁的練習方法》中原有的線條動作圖，應出版社要求，改為由何鏡平先生演示的動作照片，特此說明。

由於山西科技出版社和王躍平老師的理解和支持，本書得以順利出版發行，在此謹致以誠摯的感謝！

《武魂》雜誌副主編
常學剛

憶老伴習拳

　　20世紀50年代初，我和老伴何鏡平生活在一起。幾十年來，耳聽目睹老伴跟薌齋先生習拳的經過。1943年他在高中讀書時，由父親的朋友王化一先生介紹與薌齋先生相識學拳，他父親為了讓他強身健體遂拜王老為師。於是老何一有時間就去王老家練功。讀大學後，與王老習拳中斷了一段。

　　20世紀50年代，老何在中山公園又見到了薌齋先生。在王老的親自指導下，又重新習練大成拳、養生樁。他除了在公園和王老練功外，幾乎每天都要抽時間去王老家求教。聆聽先生的教誨。由於長時間與王老接觸，使他受益匪淺，對大成拳有了更深層的理解與認識。

　　薌齋先生晚年一直在中山公園教養生樁，以治病救人為本。每天求治者人數眾多，老何常協助薌齋先生整理病歷，病歷上記載患者各種不同的病情，王老都親筆批註患者治療情況及日期（至今病歷仍保存）。王老除每天輔導患者站樁外，每週六為薌齋先生講課及解答疑難問題的時間。由於老何勤奮好學，善於鑽研，每次無論是從公園回來還是從王老家中回來，晚上他都在燈下追記先生授課內容及先生輔導他練功時講述的問題。有時一直寫到深夜。他那種孜孜不倦的習拳精神，令我很感動。

　　1960年，老何編寫了《薌師日語隨筆》一文，不久又寫了題為《站樁鍛鍊基本原則》（後改名為《大成拳養生樁簡易入門法》）一文。這兩篇文章王老都親自閱讀過並給予贊許。後來老何發現有人把他寫的《薌師日語隨筆》一文內容抄襲並改名《意拳要點》，登在北京市總工會體育部刊物上出售，文章中出現很多錯別字、錯句，這樣的文章讓學拳者讀後會走入誤區，老何對此十分氣憤。他拿著自己的原著找到報刊領導說明實情，領導瞭解後，除已售出的以外，其餘的全部收回，從而維護了大成拳拳學的名譽。

　　1960年，老何在與王老習拳期間，利用業餘時間參加了北醫第一附屬醫院精神科用養生站樁療法治療精神衰弱綜合徵。他透過講課向院方醫務人員及患者介紹養生樁是我國著名養生家王薌齋先生所創立的，用養生站樁療法治病的根據是利用中醫的辨證論治觀點。

　　通常正常人身體的各個系統都是矛盾運動中保持平衡狀態的。如果發生病理變化後，就會變得不平衡，甚至不平衡達到很嚴重，醫生就要根據患者的病情治病，採取不同的治療方法，讓患者達到平衡，從而恢復正常。

　　養生站樁療法治病，薌齋先生特別強調「因病設勢，因人而異」，就是根據患者的實際情況，用站樁和意念調節人體內臟機能的平衡，從而達到治病、健身的目的。老何首先讓患者瞭解站樁療法後，再逐一耐心輔導，並根據患者病情設立姿勢意念。他還注意觀察患者的細微變化，並隨時講解糾正，幫助患者正確掌握。因為在治療時，對

患者病情針對性強，經過兩三個療程的治療，患者普遍感覺治療效果好，院方也經由科學儀器反覆檢查，證實了站椿療法的效果確實高於藥物治療。於是院方又召開患者座談會，得到了患者的一致好評。

有的患者談：我過去患有恐懼症，經常頭暈、頭痛，有恐懼感。晚上頭腦清醒，不易入睡。長時間經各大醫院治療，仍未見好轉。用站椿療法治療後，頭暈、頭痛症狀消失，睡眠加深，全身有力，精神爽朗，飲食增加，增強了治病的信心。他表示一定要堅持治療下去。

參加座談會的患者一致認為，站椿療法對治療慢性病有獨特的療效，對院方寄予厚望，認為北醫為國內著名醫院之一，有責任對這種行之有效的寶貴醫學遺產進行深入研究和發揮，使它更好地為醫療事業服務。大家還建議院方設立「站椿科」，由老何來擔任輔導。當時院領導及大夫們對站椿療法也都十分認可，隨即在國棉二廠設立醫療站，聘請老何講課並輔導。之後海軍醫院、向陽醫院、河北省中醫研究院都請老何去授課。

薌齋先生的養生椿深受群眾歡迎（邀請信、患者座談會記錄、群眾感謝信現仍保存）。老何無論是講課、輔導站椿全是義務的。後來為了使大成拳能夠發揚光大，也是義務教授徒弟們。數十年來，他從未向任何人索取報酬，他的人品在大成拳界內是有目共睹的。他從不圖名利，只想把薌齋先生的拳學發揚光大。

20世紀60年代以後，氣功在社會上流傳甚廣，不少氣功家都將氣功與封建迷信相聯繫，把練功者引入歧途，

故此有關部門做出了「凡在公園教功者，必須經過體委考核批准才視為合法教功者」的規定，王老未參加考核，等於自動放棄了在社會上教授養生樁的資格。當時由於師母去世，薌齋先生獨居家中，老何經常去先生家幫老人幹些活聊聊天，讓先生解解悶，王先生就給他講武林中事以及遊訪大江南北的故事，談得很投緣。

我家當時住在東城區的黃化門，離景山公園很近，老何經常陪先生到景山公園散散步，練練拳，然後帶先生到我家坐坐，吃頓便飯，再送老人家回家。有一天，老何從先生家回來告訴我，今天是王老的生日，老人想到師母後很難過，提筆寫了一首詩：

早年壯志堪降虎，晚年依人總讓貓。

而今老友晨星少，殘荷冷月過斷橋。

給我讀完先生的這首詩，老何落下了淚水，他激動地說：「我一定想辦法讓先生出去教拳。」

1960年春，老何給《中醫雜誌》投了一篇稿，並附給總編輯董德懋先生一封信，請他給先生介紹教拳之事。董編輯對薌齋先生也很崇敬，不久在他推薦下，請王老到廣安門北京中醫研究院傳授站樁治病。為輔助先生開關工作，老何與先生商量，確定由王老的一位弟子李見宇輔助老師。這樣直到1961年，院方突然決定給先生拍了24張姿勢照片後，將先生辭退，只單獨留下李見宇一人教。先生至此就又獨居家中，很少外出。

看到王老先生這樣，老何急在心中，忙找到與父親有世交關係的河北省衛生廳長段慧軒，提到薌齋先生的處境，詢問能否去保定教養生椿。後經省衛生廳決定，請王老到保定河北省中醫研究院工作，享受專家待遇，在高幹病房用養生椿治病。

1963年，薌齋先生工作期間，突患腦溢血，經院方搶救後，仍出現半身癱瘓及語言障礙。院方派秘書鄭文把老人送到北京家裏，與親屬協商照料老人的事宜，遂與老人在天津的女兒王玉白聯繫，把薌齋先生送到天津。王老後在天津去世。

薌齋先生走後，老何悲痛欲絕，念念不忘與薌齋先生朝夕相處的日子。他和薌齋先生情深義重，適值清明，遂有感而傷，賦詩一首，以表達他對恩師的思念與感激之情。

清明憶恩師

恩師去，心難卻，一點思念幾時絕，
冷風起，捲枯葉，依憑欄，望斷西廂月。
夢幻中，恩師現，諄諄教誨暖心間。
月夜裏，依憑欄，恩師音貌似如前。

我對薌齋先生的大成拳拳學不甚瞭解，但看到老伴數十年來，跟隨薌齋先生習拳，無論是對待先生，還是發揚薌齋先生所創立的大成拳，都盡了最大努力，付出最大心血，他為推廣大成拳拳學思想作出了巨大的貢獻。

　　老伴對薌齋先生的崇敬、關心、愛戴之情是真誠的，對薌齋先生創立的大成拳拳學的追求是執著的。他從20世紀50年代起就曾在《健康報》、《中醫雜誌》、《體育報》發表過有關大成拳站樁資料，進行宣傳。離休後，仍繼續在《武魂》、《中華武術》等雜誌發表過多篇有關大成拳的文章。

　　他始終主張並呼籲要正確宣傳、繼承、發展薌齋先生的大成拳拳學理論。直到他生命的最後時刻，他還在關心大成拳的走向，叮囑徒弟們一定不要放棄，要鍥而不捨地堅持下去。老伴一生都在為弘揚大成拳的拳學思想不懈地努力著，他的這種執著精神值得後人效仿。

　　雖然老伴已經離開了我們，但他的精神永存。

　　　　　　　　　　　　　　　張麗貞

自 序

　　筆者1948年北京中國大學法律系畢業，1949年入華北人民革命大學學習，新中國成立前參加革命工作，新中國成立後一直在人民法院任職審判員，1982年在司法局擔任公證員工作，1988年離休至今。

　　1943年從師王薌齋先生練大成拳。參加工作後，繼續向王薌齋先生深入研習大成拳，並與薌齋先生更進一步地建立了密切的師生情誼。在薌齋先生親自教誨下，我在不同階段，對大成拳都取得了深一層的心得體會。

　　1960年編寫了《薌師日語隨筆》一文，深得薌齋先生贊許。1960年初在《中醫雜誌》總編輯董德懋先生介紹下，協助薌齋先生在北京中醫研究院內外科研究所，開闢了大成拳養生樁的治療工作。

　　以後於1961年秋，在與我家有世交關係的河北省衛生廳段慧軒廳長的推薦下，由人事廳廳長丁一及北京中央商業部人事局長吳建中，共同審閱了薌齋先生的人事檔案後，確定了薌齋先生在河北中醫研究院工作，享有專家待遇，負責高幹病房的養生治療工作。

　　1961年11月，河北省在保定市河北飯店召開了「養生學協作研究會」，王薌齋先生作為站樁功法的代表人，指定我和于永年師兄參加了該會的全部會議。

　　我和于永年師兄參加了會議，指定我代表王薌齋先生在大會上發言，發言稿名為《我對薌齋先生站樁療法的實踐和體會》。會議決定將王薌齋先生所寫的《站樁功》初稿，連同我的發言稿，一併刊登在會議文獻《中醫學術參考資料第七輯》中。

　　從20世紀50年代起，曾在《健康報》、《中醫雜誌》、《體育報》發表過有關大成拳站樁資料，以後又相繼在《中華武術》、《武魂》等雜誌上發表了多篇有關我向王薌齋習研大成拳的文章，主張宣傳繼承發展薌齋先生正確的大成拳拳學思想。

　　隨薌齋先生練功後，只接納了馬克偉等幾名弟子。現仍在孜孜不倦地練功，並已取得了一定的成就。

　　　　　　　　　　　　　　　　　　　　何鏡平

目　錄

附　錄

回憶向王薌齋先生習拳

初識王薌齋先生

我是1943年上高中時,由我父親的朋友王化一先生介紹與薌齋先生相識學拳的。王化一先生和我父親是共同愛好中國拳學的摯友,而王化一先生與王薌齋先生交誼甚密。王化一先生經常向我父親介紹薌齋先生對中國拳學的建樹,因而備受我父親的關注。我和我哥哥何鏡宇是在王化一先生帶領下拜薌齋先生為師習拳的。

認識薌齋先生後,薌齋先生親自和我談,他的祖籍是浙江莫干山,後舉家北遷,落戶於河北省深縣,並說他的生日是1885年農曆十月初九日。薌齋先生介紹他自幼多病,後拜師拳學高手郭雲深先生習形意拳,不僅身體健康了,由於自身聰穎,勤奮好學,其拳技超出其師兄弟。薌齋先生說他對拳學不拘於門戶之見,能博採各家拳術之長補己之短,把各家拳去粗取精,去偽存真,參研究討彙集一爐,形成了自家拳學所獨具特有的風格。

透過與薌齋先生談話,知道先生是在對中國拳術有了深刻領悟的前提下,對拳學進行逐步改革的。薌齋先生1926年在上海時把形意拳改為「意拳」,並著有《意拳正軌》一書。

薌齋先生認為，形意拳從名稱上顧名思義，是把拳學的主次地位顛倒了。拳學應該是「以形取意，以意象形，意自形生，形隨意轉，力由意發，勢隨意從」，意是主導地位，形為輔助地位，因而提出「拳以意名者，乃示拳理之所在」，標明了意與形的主次地位關係是拳學之根本。薌齋先生在當時拳學界故步自封的社會條件下頂著壓力，宣導這種學說實非易事。

我學拳時正在高中讀書，還是一個少年，對拳學一無所知。開始時薌齋先生給我講述了「要知拳真髓，首由站椿起」；又聽到了「內空靈清虛，外中正圓和」等等語句，我好像聽天書一樣，這就是我有生以來第一次接觸拳術，接觸站椿。後來薌齋先生又給講了有關大成拳的理論問題，我也根本聽不懂。薌齋先生當時還講了一些椿法，我記得有三台椿、三才椿、子午椿、六合椿、降龍椿、伏虎椿，等等。薌齋先生當時給擺設了三台椿姿勢教我們開始練習，由於聽不懂薌齋先生講的一些詞語，在以後我練站椿時誤解為站椿就是姿勢加角度、加時間，因此，對站椿一直處在模糊的朦朧狀態。

我向薌齋先生習拳過了幾個月後，在1943年夏，中南海公園內的中南海游泳池成立了中南海游泳隊，我和我哥哥都參加中南海游泳隊。在隊員中巧遇幾個跟隨薌齋先生習拳的師兄弟，當時有竇世誠兄弟二人及康守義、葉子方、焦金剛、王守誠、姚友華等十幾人。我們在練習游泳之暇，常在中南海游泳池的一個小院內，練習站椿、推手、實作，這個地方成了我們練習薌齋先生拳術的集合

點。記得有一次，我們正在習拳，來了一位自稱是朝鮮練西洋拳並拿過全國冠軍的人，名叫鐵武男，想和我們比試。我們師兄弟中練實作較好的小寶和他比試，結果鐵武男被擊倒，在比試中顯示出了薌齋先生拳術的威力。以後，鐵武男以欽佩的心情初步瞭解了薌齋先生拳術中的站椿、推手、實作的知識。

在此時期，薌齋先生的大弟子姚宗勳師兄，也常來中南海游泳池，和我們一起練拳，並隨時給我們指導練拳方面的問題，這對我們練拳的進步起了一定的作用。

薌齋先生對拳學的改革，並未停留在把形意拳改為意拳的初步成果上，而是繼續研究進步著。在創建意拳之後。又提出和肯定了一些正確的拳學思想理論，把意拳中的一些糟粕部分如養氣方面的周天搬運法、意守丹田、控制呼吸法全部推翻否定，而把原有拳學中具有科學理念的拳學思想提升到了主導地位，強調了拳學矛盾對立統一的科學觀，把拳學中控制平衡永遠破舊立新的理念論點，作為拳學的立命之本。

在此基礎上又寫了一本新的著作，名為《拳道中樞》，把拳學的鬆與緊、動與靜、剛與柔、虛與實、上與下、前與後、左與右，以科學的嶄新面貌出現在更新的拳學思想理論之中。薌齋先生這一更新的拳學思想理論的出現，揭露了封建迷信拳學思想的腐朽性，引起了當時墨守成規者的大力反對，但薌齋先生毫不氣餒，堅持科學先進的拳學立場毫不動搖。以後的歲月中，在一些弟子的參與下，他把《拳道中樞》修改得更加充實完整。

　　1944年，薌齋先生在中南海萬字廊居住時，在極度困難的條件下，把《拳道中樞》定名為《大成拳論》，並提出了以武會友共同研討中國拳學的發展聲明，但並無一人來應試。

　　我們家當時住在西直門南草場48號，家的後門通到半壁街胡同，與竇家兄弟的住家相鄰。我們經常去竇家練拳，又結識了孔慶海、李永宗、李廣宗等多個師兄弟。在薌齋先生把意拳改為大成拳後，我們都受到了鼓舞，加強了練好大成拳的信心。我們不僅隨先生習拳，更把薌齋先生的武德教誨當成了我們一生的座右銘。練拳時，我們一直牢記薌齋先生所教導的要保持頭直、目正、神莊、氣靜，讓人能從外表上看出一團正氣。而在禦敵時，切勿輕易出手傷人，更牢記「恭、慎、意、切、和」的武德精神，形成了我們扶弱制強的人生性格。

　　1944年夏天，北京社會上出現了「三十六友飛輪隊」等等流氓組織，經常在社會上騷擾百姓惹是生非，欺壓善良，群眾對其畏之如虎。記得有一年夏天，我們幾個師兄弟在西單公益號食品店乘涼，忽聽大街上喊叫，我們出去一看，有三個流氓打扮的人，正在調戲一個女孩，女孩被嚇得又哭又叫。我們上去勸阻，幾個流氓自稱是「飛輪隊」，並亮出兇器叫我們少管閒事。在我們繼續勸阻下，這夥人不但不聽，反而向我們撲來。師兄弟們突遭襲擊立即還手，將其打散逃跑。後來聽說這些人知道我們是練大成拳的，一直回避怕遇到我們。

　　1946年以後，因大學的功課繁重，再加上準備寫畢業

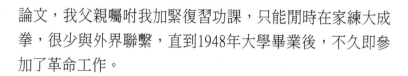

論文，我父親囑咐我加緊復習功課，只能閒時在家練大成拳，很少與外界聯繫，直到1948年大學畢業後，不久即參加了革命工作。

我與薌齋先生的二次重逢

我工作以後，薌齋先生已遷居，雖經打聽也是杳無音信。在一個偶然的機會裏，聽說薌齋先生在中山公園內教練站樁，我去公園見到了薌齋先生。因我已成年又長高了，薌齋先生已不認識我了。我說我是二何，當時薌齋先生笑著說：「噢！大何、二何，你們都是成年人了，也長高了，我當然認不清了。」（筆者注：我和哥哥何鏡宇同為薌齋先生的弟子，當時薌齋先生分別稱我們為「大何」、「二何」）薌齋先生說：「二何在少年時不愛說話總愛笑。」真沒想到已過多年了，薌齋先生還記得我的特點。薌齋先生又問了問我練功情況，我說離開先生後，只是自己練，沒有大的進展，但身體確實較前健康了。

薌齋先生告訴我，大成拳站樁又有所改進和發展，樁法的名稱沒那麼複雜了，統稱為「渾元樁」，有時為了表演，還演示一些降龍樁、伏虎樁等。養生樁方面為便於初練者的記憶，還用一些托球樁、撐抱樁、分水樁等，而再練所有樁法，無論是養生樁還是技擊樁，都必須有適合練功要求的意念相隨，如果離開意念，那就成為單純的四肢功練法，只能起到強壯筋骨的作用而已。

我當時打聽到薌齋先生的家已搬至西四兵馬司內山門胡同13號，只和師母錢笑佛在一起居住。我這時除了到中

山公園薌齋先生教功地點繼續練大成拳外，幾乎閒時就到薌齋先生家中聆聽教誨。有一次在中山公園，我又按照過去的練法和別人推手，被薌齋先生看到很氣憤地說：「你這樣蠻幹推手是不要命了吧！」把我訓斥一頓。我不解其意地詢問先生，他說你現在全身又緊又僵，再用蠻力推手，只能把氣血閉塞變成了戕生運動。

先生給我講解如何求得全身鬆緊力的變化，又講了「鬆而不懈，緊而不僵，鬆緊互用」的原理以及「鬆即是緊，緊即是鬆，鬆緊緊鬆勿過正」的含義和道理，並說放鬆不是鬆成一攤泥，而緊也不是渾身用僵力，而是鬆裏有緊，緊裏有鬆。在練鬆緊力時，不僅單從樁法中求，也要和日常生活相結合，行、站、坐、臥經常注意自身的鬆緊變化，隨時注意調整精神肌肉的鬆緊變化，由調節來達到一個較好的鬆緊平衡。推手更是如此，不僅要掌握靜位時的鬆緊平衡，而在有外力時更應掌握動位時的鬆緊平衡。聽了薌齋先生一席話，使人頓開茅塞，有所領悟。

以後在薌齋先生家中時，先生又給我深入淺出地講解大成拳的拳學思想理論，除了鬆與緊之外，還有動靜、剛柔、虛實、上下、前後、左右及虛靈挺拔與鬆墜的關係及單雙重虛實變化，等等。先生說大成拳的基本學術思想就是矛盾對立的統一，在矛盾中尋求統一，而在矛盾統一中再尋求新的矛盾統一，也就是打破原有的平衡關係，去建立新的平衡關係。這種破舊立新永無止境，從而達到拳術中的最高境界。

薌齋先生說：「我自稱為『矛盾老人』，就代表了我

的拳學思想。」薌齋先生又說：「我常說的做到元融的元融，反過頭來學初步就是不斷破舊立新，求得更高級平衡的意思。」薌齋先生還舉例說明了調節與控制平衡的關係。他說人之所以生病，就是人的體內臟腑機能失去平衡所致，正如在拳術上之所以能被擊出，就是破壞了被擊者平衡所致，所以說站樁為訓練調節與控制平衡開具了不二法門。

在與薌齋先生交往的日子裏，薌齋先生除了講解鬆緊平衡之外，又進一步深入地講了動靜、剛柔、虛實、上下、前後、左右等問題。

薌齋先生講：「動即是靜，靜即是動，動靜靜動根用。動中之靜是真靜，靜中之動是真動，動靜靜動互為根底」；又說：「剛即是柔，柔即是剛，剛柔柔剛常相濟，有柔之剛才為真剛，有剛之柔才為真柔」；「虛即是實，實即是虛，虛實實虛得中平。」在上下問題上，他認為「欲上則有下，欲下則有上」，欲左則右，欲右則左，最後使練大成拳在鬆緊、動靜、剛柔、虛實、上下、前後、左右形成了平衡均整的渾元一氣，也就是每一個動作中都包含了調節、控制平衡的平衡均整之力。

而養生樁與技擊樁求出之力又不相同，養生樁所求出之力稱之為渾元力，技擊樁求出之力稱之為渾元爭力。在跟隨薌齋先生習拳的日子裏，我認識到大成拳的拳學思想理論深奧，是一種極為科學的拳學。

在習拳過程中，我就「站樁大成拳與練套路拳其差異是什麼」這一問題求教薌齋先生。薌齋先生反問我說：

「練一招一式套路拳的目的是什麼？」我說既是拳就是具有實戰的目的，當然是為了實戰使用的。薌齋先生笑著問我所練一招一式套路拳在實戰中真能用得上嗎？我無言以對。薌齋先生說，實戰必須是具備了各方面的力以後能夠保持自己的平衡，並具備破壞對方的平衡能力，才能將對方擊出。而套路拳能具備求多面力、運用多面力的要求嗎？薌齋先生說只有練大成拳站樁才能求出多面力，並運用多面力將人擊出。所以大成拳的理論中才提出了「大動不如小動，小動不如不動，不動之動，才是生生不已之動」。薌齋先生說：大動就是指練套路之動，求力很難；而小動則在求力上比大動要容易些；而後面的不動之動，才是生生不已之動。

那麼什麼才是「生生不已之動」呢？薌齋先生講出了兩層意思：一個是「在不動中求體會，在微動中求認識，欲動欲止，欲止欲動，有動乎不得不止之意，有止乎不得不動之意，是為生生不已之動」；另一層意思為「形雖不動意念不停，全身氣血如巨海汪洋之水，波浪橫流有迴旋不已之勢」，也為生生不已之動，實質上說明了大成拳站樁並不是一動不動地傻站，而是內外相連不斷地動，就是神動、意動、力量動，因而使我們明白了，薌齋先生的拳學思想不是死摳字眼，越摳越糊塗，而應統觀全局，綜合認識，互相聯繫，才能得到真正的理解。

在明白了薌齋先生這些拳理後，才能明白打套路拳法求力與大成拳站樁求力在實戰中的作用無法比擬，所以薌齋先生所說的「拳本無法，有法也空，一法不立，無法不

備」的含義，是他清楚地指出了拳本來就沒有方法，即便你準備了一些招數方法，在實戰中敵我變化，一招也用不上。只有由大成拳站樁中求得各方面的力，才能有運用自如的調節控制平衡能力，才能保持住自己的平衡，破壞對方的平衡將其擊出，這就是「一法不立，無法不備」的實意。綜觀薌齋先生對大成拳理論的講述，使我更深一層地理解了大成拳站樁確實像薌齋先生開始所說的「要知拳真髓，首由站樁起」的深遠意義，否則永遠不會弄懂什麼是真正拳術。明白了拳者不是三拳兩腳、頓足捶胸者才謂之拳，「拳拳服膺」才是拳學的真諦。

在此期間，薌齋先生帶我去鼓樓東大街的一個院內，又見到了王化一老先生。舊事重提，使我感慨不已，當初如沒有王化一老先生的介紹，我也接觸不到薌齋先生，因而也就沒有機會學到大成拳，因此，對王化一老先生倍感崇敬。不久，我又重新見到了姚宗勳師兄，我哥哥也請姚宗勳師兄到他們學校教大家練大成拳站樁，我也經常向姚師兄請教有關大成拳中的一些問題。

在談到大成拳拳學思想時，對薌齋先生所提的鬆緊、動靜、剛柔、虛實、上下、前後、左右及調節、控制平衡問題與姚師兄的看法基本一致，後經我與姚師兄研究後共同寫了《站樁的控制鬆緊平衡》這篇文章，主要從養生治病的角度寫出一些論點，認為各種疾病都是由於患者自身的鬆緊不平衡的原因引起的，如果調節、控制好自身的鬆緊平衡，可使疾病緩解或痊癒。這篇稿件當時投於《健康報》，因故未予發表。不久又與姚師兄合寫一篇《站樁的

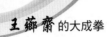

意念活動》，當時在《體育報》發表了。

向薌齋先生學習養生樁的經過

薌齋先生經常談到大成拳的養生和技擊是一件事，並指出「練即是養，養即是練」，明確了練與養發展的連帶關係，認為技擊的基礎即是養生的發展結果。薌齋先生說練大成拳如果不練養生，就連挨打的資格都沒有，又怎樣能去打擊別人。薌齋先生的這些拳學發展理論與我們少年時期的論點有很大差異，較之過去又前進了一大步。在這個時期，也常有些知道薌齋先生為第一流拳學家的人，慕名前來求教，先生則都首先授以養生樁，往往使來者認為薌齋先生隱晦拳術不傳人。

薌齋先生對這些人都是耐心釋疑，說明養生和技擊是一件事，拳術是一種養生運動，而不是戕生運動，所以拳術必須在養生基礎上發展，才不致使練者受害。使疑者對大成拳養生有了正確理解，而耐心地開始習練養生樁。

薌齋先生對練養生樁治病的患者，與作為練拳的基礎而練養生樁的人，教法上是有所區別的：

在教患者練養生樁時，薌齋先生強調了「因病設勢，因人而異」，並對一些患者在治療時又有不同，強調了「加強鍛鍊是為了減低疲勞」，而有時「減低疲勞也正是為了加強鍛鍊」。因此，對一些患者在練了些時間後，從姿勢到意念都給以加強，而有些患者在練了一些時間後，反而給以減輕了姿勢與意念，這就是在根據患者實際情況進行辨證論治的方法，是非常科學和卓見成效的。

對一般病症如高血壓症，薌齋先生認為是「血之氣併走於上」的病因造成的，因此，給設以輕微的姿勢配合引下的意念如淋浴意念等；對一些神經衰弱的患者設以稍加強的姿勢配合默想優美環境如平靜的海洋、夜晚的星空等等意念，使其較快地消滅惡性興奮灶，達到治療目的；對關節炎患者，則設以適當調節關節炎部位彎曲角度，並給以虛靈挺拔或空氣中游泳意念；對腸胃不好的患者，用半伏勢的姿勢配合頭部輕微轉動、腹部放鬆的意念，對較重病的患者則給以扶物、靠物的姿勢及放鬆意念，或給以坐勢、臥勢的練習。

總之，薌齋先生用大成拳養生站樁治病的根據，是用中醫辨證論治的觀點，針對不同患者的不同情況給以不同的方法，因此，患者的治癒率療效較高，體現出薌齋先生在用養生樁治病的高明之處。

薌齋先生在教一些練大成拳者時，也都先以練養生樁為基礎，逐步深入提高。

在和薌齋先生二次重逢開始練大成拳時，先生首先叫我自己檢查全身的放鬆程度。在給我擺設姿勢後，先叫我把全身肌肉用力緊張起來，然後再一點點不用力地放鬆到最大限度，用這種方法來理解鬆與緊的不同變化。然後再用凝神靜氣法把胸部伸挺到最大限度，然後再把胸腹放鬆到最大限度，必須是用自然呼吸達到全身極為鬆弛舒適程度。隨之叫我做空氣游泳的意念，把空氣假想都是水，意想自己在水中站立，全身的任何部位稍有移動就會產生與水接觸的摩擦阻力感。薌齋先生就是用這種養生方法來訓

練練功者的整體鬆緊力。

在練拳時，我曾對不動之動及神動、意動、力量動不理解，薌齋先生說：這種動法聽起來容易做起來難。為了理解這方面問題，薌齋先生給了我一個任務，叫我經常去動物園看看大蟒的一些表現。我去動物園看了幾次，只見大蟒在那裏蜷縮不動，回報了先生。薌齋先生說你只觀察了大蟒的外表，而沒有深入細緻地觀察大蟒的真實表現。我有些灰心了，到底叫我觀察大蟒什麼呢?我又去了幾次，有一次看著看著，突然眼睛一亮看出了問題：大蟒雖然蜷縮在那裏看似不動，其實它的整個身體都在進行細小的伸縮變化，在微動!我興奮地向薌齋先生回報了我的發現，薌齋先生高興地拍了拍我：你對什麼是神動、意動、力動開始理解了。

在先生教誨下，我懂得了神動、意動、力量動的原理，在拳術的練習方面有了突飛猛進的發展。意識到了大成拳的站樁絕不是一動不動，而是由站樁來尋求神動、意動、力量動的內容，這就難怪外行人只能觀察到站樁時外形不動，從而誤解得出各種奇談怪論。

我在練站樁時，擺設姿勢配合了意念，雖然也注意了神動、意動、力量動，但總是過多地從上身兩臂上找感覺。薌齋先生看出了我這方面的問題，叫我注意整體平衡。然而找到整體平衡並非易事，薌齋先生說：你要知道，人體的上半身與下半身永遠都不平衡，一般人的表現是上實下虛，如果在練拳時兩臂的負擔比下肢的負擔大，則會形成實者越實，虛者越虛，這樣就出現了上下的不平

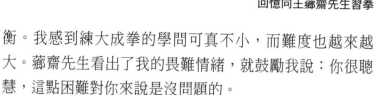

衡。我感到練大成拳的學問可真不小，而難度也越來越大。薌齋先生看出了我的畏難情緒，就鼓勵我說：你很聰慧，這點困難對你來說是沒問題的。

薌齋先生讓我練拳時調整了一下意念，叫我假想自己是水中的一棵水草，全身都在水中飄蕩，兩腳如水草的根深深地紮在泥中。上身輕飄飄地隨水飄蕩，毫無力量，頭部如懸掛頂縮而意念完全放在腳下，不要注意上半身，逐漸尋找出下實上虛的感覺。薌齋先生說：下部充實，上部虛靈，在醫學上也叫陰平陽秘，也就是陰陽保持了平衡，這既有利於養生，也有利於拳術的鍛鍊。

在練大成拳站樁時，我感覺到在設定姿勢和意念能達到下實上虛的要求，而在有動作時這種感覺就很少或者根本就沒有了。對這個問題我很不理解，又求教薌齋先生。他說：你在靜位中所求到的感覺變成動位時肯定又會有失落感，這並不足為奇。薌齋先生教誨我，在行走時儘量加強雙腳前進時的阻力意念，以頭部帶動全身進行整體行動。當時我家住在東城黃化門，薌齋先生住西四山門胡同。薌齋先生叫我每次到他家時不許騎車，來回都必須按先生的要求行走。

我遵照薌齋先生指導的方法去做，開始時有些累。逐漸習慣後，不但不累了，全身都出現了膨脹的舒適感，腿腳感到很有勁，而且越走速度越快。在這樣的練習中，我初步找到了動位中的下實上虛感覺，等我再練靜位姿勢樁法時，下實上虛的感覺更加充實完整了。我發現有了這些感覺後，無論在養生方面，還是練大成拳推手等方面都能

體會到以下帶上力的運行，受益確實非淺。

有一次，在練站樁以後，我又進行了試力，但在這兩方面的結合上我總是心存疑問，我又請教薌齋先生，在我練站樁後又做了幾個試力動作。

先生看出了問題，說道：「你練拳的一動一靜都要問個為什麼。」站樁與試力不是隔斷的，站樁是試力的縮小，而試力是站樁的擴大。你站樁求的是什麼力，試力時也必須是把你站樁時所求之力逐漸擴大，加以試驗，看你在試力時對站樁所求出的力還能否表現出來。絕不是站樁單是站樁，試力單是試力，這樣做使站樁與試力變成毫不相干的練法必然一無是處，絕對是錯誤的。

在不斷得到薌齋先生教誨的基礎上，我寫了兩篇文章，一篇是《薌師日語隨筆》，對先生日常的教誨進行了記錄整理；另一篇是《站樁鍛鍊的基本原則》，後改為《大成拳養生樁的簡易入門法》，對學習養生樁進行了總結性的論述。這兩篇文章薌齋先生在世時都親自審閱過，並予以認可。

薌齋先生晚年的生活軼事

薌齋先生晚年一直在中山公園教練養生樁，以治病救人為本，為廣大患者群眾服務，每日求治者人數眾多，月收患者達數百人，經先生治癒者眾多，我至今仍保留一部分病歷收存。

有些患者治療初期經常愁容滿面，心情抑鬱。先生則以「大肚能容，了卻人間多少事；滿腔歡喜，笑開天下古

今愁」的詩詞予之，使患者心情愉快地參加練功。當時每週六為先生講課及解答疑難問題時間，他以幽默的語言、和藹可親的態度，詳細地講解回答問題，使患者心情更為舒放，因此，患者對先生極為崇敬。

從20世紀50年代至60年代，氣功在社會上流傳甚廣，當時把站樁也納入氣功門派，很多氣功家都將氣功與封建迷信相聯繫，把練功者引入歧途，練功者不明真相如在五里霧中。

薌齋先生見此情景則力排眾議：氣功並不像一些人說的那麼神秘，人之所以生病就是臟腑機能失去平衡所致。而站樁雖然已被稱之為氣功，但其學術思想絕不是虛幻的，它是由練功來調節人體的鬆緊、動靜、剛柔、虛實、上下、前後、左右的平衡，增強人體的調節與控制平衡能力來達到治病健身目的。以此，對一些歪門邪道的氣功加以抨擊。

據與于永年師兄共同回憶，薌齋先生於1960年之前一直在中山公園教練站樁治病救人，從未離開過北京。在保存患者病歷上，薌齋先生親筆批著患者的治療日期也與此認識相同。在1959年下半年至年底，當時由於西城區體委有「凡在公園教功者，必須經過體委考核批准才視為合法教功」的規定，而當時負責考核的考官因曾向先生學過三年站樁後因雙方關係不睦而離去，為此，薌齋先生拖到1960年初沒去參加考核，等於自動放棄了在中山公園教功的資格。此後，薌齋先生獨居家中，師母錢笑佛也已去世，除大師姐王玉貞有時從外埠來京照看一下先生外，我

經常去先生家陪伴先生。

此時，薌齋先生經常給我們講解一些武林中事，及其過去遊訪大江南北的一些事。有一天薌齋先生心情不太好，提筆寫了兩句詩：

早年壯志堪降虎，晚歲依人總讓貓。
而今老友晨星少，殘荷冷月過斷橋。

我見到薌齋先生寫出這樣詩句，意識到薌齋先生內心的悲痛。有時薌齋先生也到我家聊天，也有時去公園散步。見到當時薌齋先生的處境，我的心情很沉重。

1960年春，我給《中醫雜誌》投一篇稿件，並附給總編輯董德懋先生一封信，他也特別崇敬薌齋先生。不久在他推薦下，請薌齋先生到廣安門內北京中醫研究院內外科研究所傳授站樁治病，每月工資一百元。為了打開局面，我和一位李大姐輔助先生開闢工作。當時院方配備人員為楊益、趙光二人，我因工作關係不能久留，最後確定由李見宇一人幫助薌齋先生。直到1961年春，院方突然決定給薌齋先生拍了24張姿勢照片後，將先生辭退，只單獨留李見宇一人教功，仍享受給他定60元工資待遇。以後，薌齋先生只有獨居家中，很少外出。

1961年下半年。河北省衛生廳長段慧軒、負責人事工作的副廳長丁一先生來我家。段慧軒和我家是世交，談話較隨便，我順便提起了薌齋先生的處境，而段、丁廳長都瞭解薌齋先生的才華並很敬佩先生，有意請薌齋先生到保

定河北中醫研究院傳授站樁治病。

我去薌齋先生家中徵得先生同意後，把意見轉給段、丁二廳長，兩位領導按照組織用人規定，以河北省衛生廳名義進行了兩項工作：

（一）首先到北京中醫研究院組織科瞭解了該院任用薌齋先生的情況。據當時組織科趙科長談對薌齋先生的使用是按臨時人員請來的，故未調檔審檔。至於辭退原因我聽到後感到很不理解和難過。

（二）段、丁二廳長有意使用先生工作，所以履行了調檔審檔手續，以河北省衛生廳名義委託了北京中央商業部人事局吳建中局長協助審閱了薌齋先生的人事檔案，以後省衛生廳研究決定請薌齋先生到保定河北省中醫研究院任站樁治病工作，每月工資120元。薌齋先生於1961年11月到省中醫研究院上班工作。當時院方派了段廳長的秘書鄭文為主，另帶一個醫生吳振法跟隨先生工作。此期間，北京中醫研究院派了醫生焦國瑞跟隨先生實習半年。薌齋先生到保定河北省中醫研究院工作，純屬於組織任用行為，絕非薌齋先生個人行為。此前薌齋先生也從未以個人名義去過保定講學、傳功、收徒。

薌齋先生到保定河北省中醫研究院工作不久，1961年11月，河北省中醫研究院經過組織報批手續後於11月7日，在當時河北省衛生廳的常廳長參加下，在保定的河北飯店召開了全省的養生學協作研究會。薌齋先生作為站樁功法的代表人，指定我和于永年師兄參加了該會的全部會議。凡參加會議的都給予參加會議的正式邀請函。

　　我代表薌齋先生在會上發了言，會上薌齋先生即興表演了驚蛇舞中之驚蛇遇敵。會議後，河北省中醫研究院出版了一本《中醫學術參考資料第七輯》的會議文獻，其中第46頁刊登了薌齋先生寫的《站樁功》初稿；在51頁刊登了我在會議上的發言稿《我對薌齋先生站樁療法的實踐與體會》文章。

　　1963年的早春，薌齋先生在工作期間突患腦溢血症，經河北省中醫研究院大力組織搶救後，仍出現了半身癱瘓及語言障礙的後遺症。由於薌齋先生已無法工作，省中醫研究院最後決定，因薌齋先生係非正式工作人員，而派段廳長秘書鄭文帶人將薌齋先生送到北京山門胡同13號薌齋先生自己的住所，擬請其在京親屬幫助照料。但由於對此問題協商未妥，鄭文只好去天津與薌齋先生的三女兒王玉白協商，經王玉白同意後，鄭文將薌齋先生送至天津，由王玉白照料並附送數額不低的安置費。

　　1963年間，薌齋先生去世，終年78歲，由王玉白師姐來京找到姚宗勳師兄，姚師兄召集了我們部分在京的弟子，大家湊錢，交給了王玉白師姐回天津處理了薌齋先生的後事。

　　現看到聽到對薌齋先生到保定工作前後的訛傳甚廣，大有越傳越離奇之勢，在黨的「解放思想，實事求是」的思想指導下，筆者作為先生的弟子，有責任就先生這段歷史，實事求是地予以澄清，避免繼續訛傳，貽害視聽。

　　在薌齋先生去世後，還有一件事值得提起：

　　20世紀80年代後期，社會上各種氣功氾濫，尤其帶有

封建迷信內容的所謂發功放氣、遙控發功騙人之說甚囂塵
上。此時，竟然有以薌齋先生親傳者自居的人，把發功放
氣說成是薌齋先生的秘傳。

　　我覺得薌齋先生的拳學思想是符合矛盾對立統一的唯
物辯證法的，絕不能以薌齋先生秘傳之名把封建迷信的騙
人之術摻雜在內，我氣憤之下寫了一篇文章為《矛盾老
人──王薌齋》，1989年在《中華武術》雜誌第七期上發
表。我在文章中提出了「發功、放氣，妄稱正統；破舊立
新，提高功能，在諸種矛盾中求得不斷平衡」薌齋先生的
正確學術理論思想，在我這篇文章發表後，還受到篡改薌
齋先生學術思想妄稱正統者一幫人的反對。

　　薌齋先生一生為人真誠、坦率、正直。他具有科學的
研討學術求實精神、良好的武德之風。他的拳學思想是不
會泯滅的。在其門人及後代中能舉起真正大成拳拳學思想
大旗，傳播正確的大成拳拳學思想的人還大有人在，定能
讓大成拳沿著正確的方向向前發展。

（原載《武魂》2003年7、8期）

王薌齋的武術觀

　　千百年來，我國的武術人才層出不窮，他們絕大多數都身懷技擊絕技和養生功法。

　　唐宋時期，更是武術能人輩出，燦若星辰。但自清雍正時，開始對武術進行摧殘，首先用更改武舉內容的政治手段，廢去了武術中的技擊項目，取而代之的是拉硬功、舉石鎖等毫無實戰作用的笨功夫。而民間那些有真材實學的武術家，進退無路，又不屑於捧臭腿，便只好編些花拳繡腿的套路拳法，以做謀生之計。

　　這種情況一直延續到清王朝的滅亡，直至20世紀40年代。這就使我國原來固有的真正武術，逐漸消亡殆盡。在這一段歷史時期，雖然也曾出現過一些武術能人，但和武術興旺的昔日相比，可以說是九牛之一毛了。

　　王薌齋先生對以上這種現象，耳聞目睹，觸目痛心，決心恢復中國武術的本來面目。他以自身高超的武技和魄力，更重要的是在愛國精神的鼓舞下，集各家拳術之長，創立了中國實戰拳法——大成拳，並撰寫了《大成拳論》，同時在當時的《實報》上，發表了《拳學要義》，以喚醒武林之士和熱心於武術事業的同仁，使中華武術得以復興和發揚光大。

　　王薌齋先生在《大成拳論》和《拳學要義》中闡述了

武術的宗旨和武術的實質，並對當時社會上對於武術的種種誤解，加以糾正。同時他對當時所流行的各家拳法，提出了自己的見解，其目的是使學者學有方向，習有指南，領會到武術的真諦。

下面具體談談王薌齋先生的武術觀。

一、武術的宗旨

他在《大成拳論》「自志」篇中言道：「拳道之大，實為民族精神之需要，學術之國本，人生哲學之基礎，社會教育之命脈。其使命要在修正人心，抒發感情，改造生理，發揮良能，使學者神明體健，利國利群。固不專重技擊一端也。習異拳如飲鴆毒，其害不可勝言也。」

此是說習拳的目的和重要性，並指出習拳不當的危害性。

二、武術的實質

在上面的同一篇中又言：

「今夫本拳之所重者，在精神、在意感、在自然力之修煉。統而言之，使人身與大氣相應合；分而言之，以宇宙之原則原理以為本，養成神圓力方，形曲意直，虛實無定，鍛鍊成觸覺活力之本能。以言其體，則無力不具，以言其用，則有感即應，以視彼一般拳學家，尚形式、重方法、講蠻力者，固不可相提並論也。誠以一般拳家，多因注重形式與方法，而演成各種繁冗、奇形怪狀之拳套，更因講求蠻力之增進，而操各項激烈運動，誤傳誤受，自尚

以為得意者，殊不知盡是戕生運動……」

以上著重點明大成拳的內容實質，並明確指出中國真正的拳術，不應專重形式、招法和套路，批評了當時在拳術中流行的形式主義和練習蠻力的錯誤傾向。

三、釋大成拳中的「無法」概念

在《大成拳論》中言道：「要知學拳根本無法，亦可云無微不法。一有方法，精神便不一致，力亦不篤，動作散漫不果速，一切不能統一，更有背於良能。所謂法者，乃原理原則之法，非枝節片面之刻板方法而為法，習枝節之法，猶之乎庸醫然也，所學者，都是備妥藥方以待患者，而患者則須按方患病，否則無所施其技矣。」同時在拳論中又言道：「拳本無法，有法也空，一法不立，無法不容。」

以上對大成拳中的「無法」，做了很好的說明，恐學者不查而失於誤解，故又做了具體說明。在技擊時如用死招死法以應敵，猶如開好了藥方而等患者一樣，這在醫者為庸醫，在拳者為劣技。

四、反對拳術中的迷信色彩和神秘之說

在《大成拳論》中曾言：「邇來更有依傍佛門，說神說鬼，妄言如何修道，如何遇仙。其荒誕不經，又為邪怪亂道之尤甚者，良可慨也。夫今為科學昌明之時代，竟敢作此野狐謬說，傳之人口，公諸報端，此種庸愚昏聵之徒，真不知人間尚有羞恥之事矣。」

在拳論中又言：「殊不知神秘之說，根本荒謬。概由智識薄弱，鑒別力淺及體認未精而起。」「至論飛簷走壁劍俠之說，皆小說家之夢想假造，只可付之一笑。如開石頭，過刀槍，乃江湖中所謂『吃托』之流，此下而又下，不值一道。」

以上所言是針對當時社會上有些拳術騙子而發的議論，這些人把一些迷信之說，無稽之談，摻雜在武術之中，藉以欺世盜名而謀其利。至於當時有些人對武術懷有神秘感，是由於知識淺薄或自身對武術缺乏真正的體認所致。再有，當時還有些人，把什麼手能開石和身過刀槍等所謂硬氣功，誤以為真正的武術，其實這只不過是江湖中「吃托」之流的把戲而已。

所謂「吃托」，實際上指的是「竅門」而言，其實這些功法只是巧妙地運用了力學原理，與武術無關。

五、簡述形意、八卦、太極三家拳術的真髓與弊病

他在《大成拳論》中言道：「夫拳道為改善生理之工具，發揮良能之要訣，由簡入繁則似可也；由繁而違背生理之原理、原則則不可。形意拳當初有三拳，且三拳為一動作，所謂踐、鑽、裹，若馬奔連環，一氣演為三種力之合一作用也。至於『五行』、『十二形』，亦包括在內。蓋『五行』原為五種力之代名詞，『十二形』乃謂十二種禽獸，各有特長，應博取之，非單獨有十二形及各種雜類之拳套也。八卦拳亦如是，初只有單雙換掌，後因識淺者

流，未悉此中真義，竟妄為偽造，至演有六十四掌及七十二腿等偽式，非徒無益而猶害之。太極拳流弊尤深，惟其害不烈於生理方面，尚不十分悖謬，但一切姿態，亦毫無可取，如以該拳譜論，文字較雅，惜精義少而泛泛多，且大都有籠統之病。」

以上所言，出自先生肺腑，道破形意、八卦二拳之精奧所在，及太極拳的優劣之處，並指出形意、八卦二家拳法，由於後人妄造偽加，而使其演成頭上按頭、雪上加霜的蛇足拳術。

六、王薌齋先生對於近代各家拳術之我所見

《拳學要義》——即王薌齋當年對《實報》記者所作的拳學答問，現摘錄如下：

「形意嫡派與河南『心意把』、『六合步』為一宗。查河南李岱東（鄉稱老岱）為李致和先生之曾孫，至和先生乃戴龍邦太夫子之業師也。濟源阮氏，命名雖異，而實宗於李，戴先生雖以『心意』變『形意』，然亦不背原意。因拳之本源，宗於六法，故以拳拳服膺之意，名之曰拳。要知形意嫡傳，並無十二形練法，然周身十二形之意，當盡有之。亦無五行生剋之論，不過指五行為五種力之代名詞，非手法與拳套也。」

「八卦，原名『川掌』。余幼時曾與程廷華先生晤，回憶其神情，真若神龍遊空，百折千回，令人難追其功勁。遙想董師海川先生，更不知其入法海，博道要，深邃何似。劉鳳春先生與余交善，功極深而造詣稍遜，然亦非

習八八六十四掌，及七十二腿者所能望其項背。」

「太極拳嫡傳宗匠當推少侯、澄甫楊氏昆仲，此亦余之老友也。故知該拳確有幾種力學含義，得其要者，百不得一，即或能之，亦非具體。因基礎體認功夫，早經消亡，故身之下部，無理力之可言。該拳原為三拳，又名「老三刀」，王宗岳先生改為『十三式』，又一變而為百四五十式之多，此失真之一大原因也……」

「通臂拳遍行華北，都門尤盛。余所遇者大都不成形，然亦有持理論而近是者，考其功能，相去甚遠。想前輩當不至如是，抑後人之失傳也。雖偶有佈局深邃之絕大功力者，然終不易走上拳學軌道。」

「梅花拳」又名「五式椿」，其嫡派至今仍有輩行流傳。河南、四川最盛，與福州、興化、泉州、汕頭等處操「五技散手」者有異曲同工之妙。對於應敵，亦多有深造獨專之長，惜片面多而具體少。

「八番」、「綿掌」、「劈掛」、「八極」、「大力功」、「三皇炮」、「黏腿」、「連拳」，互有長短，大多偏於剛多柔少，缺乏精神內在功夫。至於「大小紅拳」、「彈腿」、「戳腳」、長短各拳及其他各家，余不欲論之矣……

以上所論，出於先生之口，可見先生對於拳學，能夠持直言不諱和「知無不言，言無不盡」的態度。又為先生愛其之誠，故在其言論中，多有失之狂放和過激之處，但我們不應以詞害意，更不應苛求作古之人。如果我們能以百家爭鳴的精神對待學術論爭，筆者認為可以從以上的字

裏行間中，得到很重要的可借鑒的東西。

（1960年初）

　　作者按：1960年初，我協助薌齋先生在北京中醫研究院開展大成拳養生樁的治療工作；1961年，薌齋先生在河北省中醫研究院負責高幹病房的養生樁治療工作，11月代表「大成拳養生功法」在保定市參加了「養生學協作研究會」會議，我代表王薌齋先生在大會上發言，發言稿名為《我對薌齋先生站樁療法的實踐與體會》。會議決定將薌齋先生所寫《站樁功》初稿，連同這篇發言稿，一併刊登在會議文獻《中醫學術參考資料第七輯》中。

我對王薌齋先生
站樁療法的實踐與體會

前　言

氣功在治療慢性病和鞏固療效方面，起著很重要的作用。氣功種類很多，一般常見的有內養功、強壯功、站樁療法，等等，這些功種的治療作用不同，練功方法也不一致。內養功、強壯功練功時採取守竅和注意呼吸的方法，偏重於靜的一面，多屬內功；站樁療法則是姿勢鍛鍊與意念活動同時並舉，採取「動靜結合」的練功方法，即屬內功也屬外功，是一種簡單易行、合乎多快好省的氣功療法。

由於氣功和種類方法雜，以致部分初學練功的患者，缺乏對氣功的正確認識，單純按照一些氣功書籍記載進行練功，只學表面不注意實質，甚至一味追求某種感覺，結果雖費了很大工夫，苦心堅持練功，卻往往收不到理想的療效，還可能發生流弊。

而某些擔任指導氣功的醫務人員，不能親自練功，缺乏實際體會，因此，在指導患者練功時，也極容易流於形式，這樣就不可避免地使一些人認為氣功是不可捉摸，又不易掌握的治療方法；而另一些人又把氣功看得過於簡單，以致對氣功能否治病方面，產生了疑慮。

不少的醫務工作者和患者，在這個情況面前，非常希望從文字上看到一些切實可行的練功方法，且可以在較短時間內正確認識、掌握、運用，從而達到少走彎路保證療效的目的。在這樣共同意願的前提下，我覺得目前向大家推薦在氣功中比較簡單易行，療效又好的站樁療法，是較為適時的。

站樁療法是中國古代的一種養生術，具有治病與健身作用，是我師王薌齋老先生五十多年來作為給人治病強身的方法。有些人剛一聽「站樁」二字，就認為都是站式練功。其實站式練功只不過是其中的一種方法，其他如坐式、臥式、行走式、半伏式等都包括在站樁法之內，並且各有其獨特做法。

站樁療法的練功方法既多，以前又很少有人把這個功種的全貌公開出來，所以這裏就需要細緻的介紹，這不僅使初學練功有所遵循，更重要的是希望練功愛好者，在理論實踐緊密結合的過程中，不斷加深體會，從而進一步地發掘整理這份寶貴遺產，使之繼續向前發展。

一、站樁療法的起源變化與發展

1. 站樁療法的起源及早期應用範圍

站樁是我國古代養生術之一種，歷史悠久，若研究起源於何代，因缺乏文字記載，無從考察。總起來說，這種方法是我們祖先在向疾病災害和自然界中毒蛇猛獸競爭過程中，逐漸積累下來的經驗總合。幾千年來，很多文人武士大都依此方法來修心養性，早在兩千多年前的《黃帝內

經》中，就有「呼吸精氣，獨立守神」的記載。後梁武帝時，天竺國香王之子達摩，行教遊於漢土，又把洗髓易筋法傳入中國，從此以後，站式練功方法比前又完善許多。由於不斷地向前發展，至唐代明確的分出兩大主流，即臨濟、密宗二派。在這兩派基礎上，相繼又傳出插條、柔扛、三折四肢功、八段錦、金剛十二式、羅漢十八法等。由於各家的體會不同又分離支派，以後派別之多，已無從記數。派別越多則各持自己偏見，互相爭鋒傾軋，以致真偽難辨，而且其中較好的方法逐漸變為少數人之私有物，密不傳人，傳出者只不過九牛之一毛。

到了宋朝末，帝王將相因為沉醉於紙醉金迷的生活，體質虛弱，意志消沉，不能適應站式練功，再加以當時的一些醫士把佛門道家帶有濃厚迷信色彩的養生方法，肆意渲染、大吹大擂，愚弄人民修行煉丹成仙，自立派別，因此，「禪坐」之法大為盛興，吐納之說風靡一時，從此，站式練功受到歧視。

後來有些方士又把整個練功養生法，分別綜合出「道派」、「列仙派」、「拳技派」，而在「拳技派」中也掛上了迷信色彩。隨著朝代的變化，真正的練功方法，逐漸被湮沒，殘留者只點滴散見於民間。

站樁方法，在古代並沒有把它當做醫療手段的概念，只當做練習拳術過程中健身的步驟，因為一般拳術，都有其完整一套姿勢，要想把每一架勢的真正精神力量表達出來，沒有良好的身體基礎是不行的，這樣就必須用養生方法充實內部，站樁就正是為了達到這個目的。

當站樁到一時期後，元氣壯旺，身體內部逐漸充實，則會產生「內勁」，這種內勁，從招數練習中難以尋求，只有在站樁練功不動的過程中，才能較快得到，拳學上所謂「大動不如小動，小動不如不動，乃是生生不已之動」的意義就在於此。有了生生不已的內勁之後，才能達到健身養生的目的，然後逐漸學動，才能真正體會出動的實質。

凡有拳術修養的人都知道，最早的太極拳有太極樁，也叫「站架子」，八卦拳有八卦樁，形意拳有形意樁，雖然各家拳站樁的姿勢方法不同，但其用意卻屬一致。

這種練功方法，舊社會由於受到私有制觀念的限制，外人很少知道，一般所傳出的一招一式練法，當然也有一定健身的作用，但若與真正的養生健身法相比，那就相距得很遠了。

2. 站樁方法在近代的變化發展及對醫療上的價值

站樁方法傳至清末，知道其全部梗概者已寥寥無幾，只不過有李洛能先生等有限數人而已。以後李先生又把這種方法傳授給河北郭雲深先生，郭先生又把全部方法傳授給王薌齋先生。

王老先生因自幼多病，自從學會站樁練功不僅病痊癒了，身體也變得格外壯實，現年已近八十，從外貌上看不過六十多歲。雖是幾個年輕力壯的小夥子，與其比起力量恐仍難以勝取。王老先生年輕時，就注意到站樁在醫療上的作用，五十多年來一直細心鑽研，並運用這種方法，作為給人治病強身的手段，治療各類型疑難大症已不勝數。

　　由於留傳下來的站樁功方法比較簡單，只有少數幾個姿勢，王老先生在其治療實踐過程中，覺得只用幾個方法治病，無法適應各類型患者的需要，於是又博採古書尋師訪友，廣泛地採納了中國醫學中有關養生方面的精華，參研究討彙集一爐，最後總結出一套較系統的治療方法，同時又不斷在實踐過程中進行改善，使幾千年傳留下來的養生方法日趨完善。

　　新中國成立後在黨的中醫政策指導下，站樁療法已被視為一種醫療方法。經很多醫療單位採用，逐步進行科學實驗研究，成為人民衛生保健事業中不可缺少的一部分。根據一些醫院治療情況來看，有些認為不易醫治之病採用站樁療法以後，獲得奇效。可以肯定，這種寶貴的醫學遺產，今後在大力培養下，一定會發揮出更大的作用，可以在中國醫學史上，留下其光輝的一頁。

二、站樁療法的適應證及其特點

1. 站樁療法的治療應用範圍

　　站樁療法的治療應用範圍很廣，對一切慢性疾病都可以有較高的療效，尤其對機能性和一般軀體疾患者的收效比較快，一些患者在經過不太長的治療以後，食慾、情緒、睡眠、血壓、局部疼痛等症狀，就會有著顯著好轉，能很快地恢復健康。

　　這些由許多生動事例可以得到證明，例如，神經衰弱以頭昏症狀為主的患者，在站樁治療結束後，眼前即刻出現一片清新景象，如能每天堅持練功，完全可以改變頭昏

視物不清症狀。以失眠症狀為主的患者，應用站樁療法以後，能較快地達到入睡深沉的目的，並可擺脫長期依靠安眠藥維持睡眠的狀況。從北醫第一附屬醫院綜合快速治療神經衰弱第二批118例患者中，明顯可以看出其中有84例在站樁治療結束後，即刻有自覺頭昏、頭痛症狀減輕，身體有格外輕鬆舒適感覺。其中21例在遠期表現出精神、睡眠症狀好轉，食慾增加的情況，其餘13例，由於合併症等其他原因，無大變化。

此外，在應用站樁療法治療關節炎、潰瘍病、高血壓、前列腺炎及皮膚科等許多疾患中，都收到了相當滿意的療效。由此可見，站樁療法治療慢性病的應用範圍比較廣泛，且沒有局限性。

2. 站樁療法的特點

(1)練功時不必有意識地「注意呼吸」和「意守丹田」，採取自然呼吸的方法，由意念活動與姿勢調配，最後達到慢、深、細、均勻腹式呼吸和入靜的目的。因此絕不會產生任何副作用。

(2)實踐證明，在站樁治療過程中，很多患者在初學練功時，雖未達到入靜程度，也同樣可以收到很好的療效。

(3)站樁療法簡而易行，無論行、站、坐、臥，隨時隨地都可練功，不需要特殊設備，可以和生活打成一片，容易被廣大群眾所掌握，完全符合多快好省的治療原則。

(4)站樁療法中的姿勢與意念活動調配方法較多，醫生可以臨症參照不同患者的不同病況，進行辨證施治。這

樣從患者實際情況出發的治療方法，可以提高治療效果。

(5)站樁療法是動靜相兼的練功方法，即能休養心神又能鍛鍊形骸（特別是站式練功），因此不僅適應於治療，更重要的是能起到健身作用，可使原來體質較弱的逐漸強壯，強者更強，完全可達到保持青春，防止衰老，祛病延年的目的，這也是站樁療法的最大特點。

三、站樁療法的機制研究

有關站樁療法的機制問題，從中國的一些經典醫學文獻中，目前還沒有發現完整系統的論述，不過根據一些醫院、專家的實驗研究結論，結合我個人的認識，對站樁療法的機制，可以提出以下幾點探討性的論述。

其中難免有很多不全面甚至錯誤的地方，還有待於今後繼續鑽研和整理。

（一）西醫部分

1. 站樁療法對人體中樞神經系統及大腦皮層的影響

站樁療法本身是一種「靜中求動，動中取靜，動靜結合的治療方法」，練功時要求患者擺好一個姿勢以後，由軀幹四肢保持不動的過程，使肌肉活動增強，從而形成一種持續不斷的、輕鬆的靜力性緊張。因此，就可能從肌肉發出衝動，傳向中樞神經系統，然後相應的由中樞神經系統發出衝動，傳向身體周圍。這樣使內向「靜」的衝動，與外向「動」的衝動相結合，而達到統一，肌肉活動增強，相應的使中樞神經系統得到增強，所以能起到治療疾

病的作用。有些患者在進行站樁治療過程中，雖未達到入靜程度，但也仍能收到較高療效的關鍵也在於此。

其次是站樁治療時，由形體意念的放鬆，最後達到入靜階段，這就是主動性抑制狀態的表現，其入靜的深淺程度，是與大腦抑制狀態的分佈有關，如果抑制程度只局限於大腦皮層，即屬於淺的入靜，或稱不完全的抑制；如果抑制程度擴散到皮層下部，即屬於深的入靜。

這種大腦皮層的主動性抑制增強的表現，會逐漸消除大腦皮層由於疾病影響所產生的興奮灶，可以改變興奮抑制不平衡狀態，這樣對消除疲勞的大腦細胞功能，起到了良好的作用。

進一步說，人體內臟器官，都是在大腦皮層機能的正常情況下進行工作，如果大腦皮層機能發生病理變化時，則在其控制下的心臟血管系統、消化系統、呼吸系統，就有產生疾病的可能，反之疾病發生病變以後，往往也會影響到大腦皮層機能的正常。而站樁治療本身，則是屬於整體療法，它是由調整大腦皮層機能，來控制疾病的發展，從而有利於局部疾病的好轉與消失，同時也可阻止由此所產生的惡性循環後果。

2. 從臨床及實驗研究中印證站樁療法的治療疾病作用

(1)站樁過程中明顯可以看到，患者在不同程度上表現出：唾液增多、流淚、哈欠、打嗝、虛恭、顫動、肢體喪失感、出汗、身熱、酸麻脹痛感、困倦欲睡、頭腦清醒、全身輕鬆等反應。這種反應可以認為是站樁治療，使大腦皮質進入抑制狀態，或呈時間性的正誘導，而對皮質

下植物神經系統也起到了調節平衡的作用。大多數患者，站樁治療到達一定程度後，一般反應變得不明顯，而全身輕鬆舒適表現得極為突出，同時體質變得格外健壯，有利於健康的恢復。

(2)蘇聯克里斯托夫・尼克夫教授認為：過度的靜力性緊張，可使局部血液供給量減少；而適宜的輕鬆的靜力性緊張，可使血液供給量增加。由站樁前後血液常規檢查，上述這一論斷得到證實：北京鐵路醫院曾以五例患者，進行站樁前後的血液檢查試驗，發現站樁治療僅20分鐘，結果在治療患者的血色素、紅血球、白血球、中性、淋巴、酸性單核等方面，就有不同程度的變化，尤其是血色素、紅血球，增加的比數最大。此外，北京第一附屬醫院也進行過同類試驗，曾檢查13人次，發現患者紅血球在站樁治療後，一般都增加到13～42萬，白血球增加2,000～6,000，而對13人次患者，進行酸性白血球計數檢查時，有12人次在站樁治療後都有增加，一般每立方毫米增加44～88，其中一人練功三天，未見增加，但在一周檢查時也開始增加。這些都有力地說明了站樁療法這種輕鬆的靜力性緊張，確實可以起到恢復健康作用。

(3)由X光透視檢查證明，練功時雖然採取自然呼吸方法，但在全部站樁治療過程中，尤其是入靜階段，能夠正常地達到慢、深、細、勻腹式呼吸的要求，這樣就促使膈肌按摩及胸廓吸引加強，可以起到控制消化、呼吸等系統疾病的作用，從而有利於身體健康的加速恢復。

(4)北京第一附屬醫院曾對站樁治療時，患者的腦電

圖情況進行了較長時間的研究，結果證明在站樁治療過程中，有85％患者出現慢波或a指數減少，表現出輕度抑制現象。腦電圖的改變，大約由站樁治療後5～30分鐘開始出現，大部分在站樁治療停止後，即恢復原有節律，說明了站樁療法是可以起到恢復大腦機能作用的。

(5)北京協和醫院神經科許英魁大夫，曾就站樁治療前後患者的肌張力腱反射、皮膚反射的改變，進行了實驗研究，發現只因半小時的間隔，治療者的膝反射表現增強，而腹壁反射表現減弱。同時二頭肌及腹壁反射也均行減弱。許氏認為，這種情況多半表示大腦皮層的活動，只在時間過程中就可以改變其原有狀態，或大腦皮層抑制。而正誘導的引起反射增強及功能上中斷了腹壁反射弧，或大腦皮層抑制擴散到脊髓部分，而使二頭肌與腹壁反射減弱。此項認識已在對照組的實際觀察中得到了明確的治療，可以認為這些表現，都是起到強身治病的重要因素。

(6)站樁治療過程中的血壓、呼吸、心率、脈搏、眼心反射聯想機能、肌電圖等一系列的實驗研究，正在繼續進行，已初步得出站樁療法確可起到治病與健身作用的相應結論。關於這類資料，有待今後更深入系統地研究整理。

（二）中醫部分

1. 站樁療法的養神作用

從中醫的觀點來認識，站樁治療的直接目的，就是養神，因為神為人身之主宰，統領支配各個內臟器官。如果

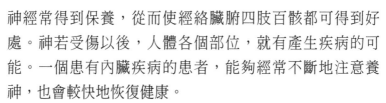

神經常得到保養，從而使經絡臟腑四肢百骸都可得到好處。神若受傷以後，人體各個部位，就有產生疾病的可能。一個患有內臟疾病的患者，能夠經常不斷地注意養神，也會較快地恢復健康。

《內經·靈蘭密典》說：「故主明則下安，以之養生則壽，主不明則十二官危，使道閉塞而不通，形乃大傷。」由此可見，站樁養神不僅對調節生理機能正常和控制疾病發展有著重要影響，同時也是消除疾病、健康長壽，所應具有的先決條件。

2. 從「上工治未病」體認到站樁療法在醫療預防上的作用

中國醫學把醫療預防放在首要地位，醫生的責任不僅僅在於能夠治病，更重要的是能夠防病。防病的方法很多，站樁是比較好的一種養生方法。站樁時要求做到：閉目、靜氣，形體意念放鬆，進一步達到「內空靈清虛，外中正圓和」的境地。其目的不外是使神能夠經常聚集而不失散，這樣也就正是培育了真氣。

中醫認為，精、氣、神為人之三寶，所謂神役氣，氣役精，「聚精生氣，聚氣生神」，如果這三寶保持得好，也就是達到了「真氣內守，神不外溢」，必然可以健康長壽。《內經·攝生篇》中，重點教給人們來注意這些事項，其中提到「恬淡虛無，真氣從之，精神內守，病安從來」。恬就是內無所營；淡就是外無所逐，也就是說，我們能夠經常不斷地保持無思無慮，使神不外溢，久之，就自然會精氣充滿，內部充實，也就很少會有疾病產生。

同時還提到「清靜則肉腠閉拒,雖有大風苛毒,弗之能害」,這就是說,精氣充滿以後,則必然使身體健壯,有抵抗疾病侵蝕的能力,即使是遇到了瘟疫流行也無妨礙。

至於談到使「神寧氣靜,精氣充滿」的方法時,在《內經‧上古天真中論》中,更明確告訴我們說:「上古有真人者,提攜天地,把握陰陽,呼吸精氣,獨立守神,肌肉若一,故能壽蔽天地。」從這裏可以看到,上古真人所以能秉天地之精英保護不失,有若提挈把握,主要的還是以「呼吸精氣加以補助,獨立守神以凝固之」,這樣最後才可以使氣質變化,得以保持正常,「肌腹顏面不老,筋肉健壯」,而達到益壽延年的目的。

以前的站樁在當時來說,就是獨立守神最好的方法,如果堅持得好,同樣會和真人的健康狀況一樣,長壽百歲,享盡天年而去。就此觀之,站樁療法對一般健康人來說,完全可以達到防止衰老、延年益壽的作用,因此它對醫療預防上的價值也是不可估量的了。

3. 站樁療法在醫療適應證方面的分析

中醫認為很多患者致病原因主要是由於陰陽失調,清濁相混,氣血滯塞,營衛不和所產生的結果,像一般精神衰弱、高血壓、消化性潰瘍病、關節炎等等病症,都是由於這些原因造成的,而透過站樁治療,這種狀況會逐漸得到改變。

(1)站樁治療可使心腎相交陰陽互根。站樁治療到一定時期後,會自然地感到呼吸轉向慢、深、細、均勻,這時全身如醉如癡,極為舒適。《內經‧四氣調神篇》這樣

說：「使志若伏、若匿、若有私意、若已有得」；《崔公入藥鏡》中也有「先天炁，後天炁，得之者，常似醉」之句。這就使我們意味到，站樁治療進行中，所以能有呼吸自然轉慢，精神如醉如癡的表現，正是由於心中之元神，在無意之間與腎中之元氣匯合，心感腎，腎也感心，心腎相交以後，才會產生欣欣之意。經常這樣練習下去，使真陽積聚，元氣就自然壯旺充實，實為已有得，永不失散。心腎不斷交感，日久可使督任二脈漸通達，元氣經常壯旺，陰陽則得以互根，結果可以看出，某些由於這類原因產生疾病患者的病症，經過站樁治療以後，就會得到根本的改善以至消失。《內經》所謂「陰平陽秘，精神乃至」的真正含意，在此也得到進一步的認識。

　　(2)站樁治療過程，可以調整清濁升降使之走向正常。一般正常人，在體內經常保持「清邪中上」、「濁邪中下」的正常狀態，而有些患者往往是清不升濁不降，清濁升降失其常態，疾病也就相應而續。而站樁治療也可改變這種情況，在治療時可以體會到有氣體上升，從喉嚨中排出，或腹內有腹鳴現象，把一些氣體自然舒暢地從肛門排出，這些污濁之氣排出後，身體顯得格外輕鬆，從而使疾病得到改善或消失，喻嘉言《醫門法律》一書中曾提到：「善養生者俾賁門之氣，傳入幽門，幽門之氣，傳二陰之竅而出，乃不為害。」這不單純是養生的道理，可以調和營衛流通氣血，人身得以保持健康，也賴於營衛調和。如果營衛之氣不行，日久天長以後，患者就會形成「氣痺難通」或水漿不入，形體不仁；更嚴重時甚至可使

59

精氣弛壞，神去而不可復收，達到無法救藥的地步。然而
營衛之調和，又需賴以整個大氣的周轉不息，因此二者又
是有著互為因果的關係。在站樁治療進行中，會感到有氣
貫全身，手腳發熱、顫動，全身透出微汗，精神煥發的感
覺。這種現象，一方面說明了血液循環功能的加強，血本
隨氣行，如果血通則氣必先通，因此血液循環功能的加
強，就意味著氣血的通暢；另一方面也說明了營衛的調
和，因為營衛和則腠理開，這樣全身才會有微汗透出的徵
象。就此觀之，站樁治療不僅可以改善血液循環功能，同
樣會使營衛調和；而營衛得到調和的過程，又相應的促進
氣血更進一步的通暢。《金匱要略》所謂「營衛相得，其
氣乃行，大氣一轉，其氣乃散」的論點，在此可得到驗
證。

　　諸如上述的一些現象，可以體會出站樁治療本身，不
單純是使氣得其養，實際上對維繫陰陽，調節清濁升降，
調和營衛，流通氣血，也起到決定性的作用。有關站樁療
法的治病道理，這裏舉出的只不過是幾個簡單的例證，更
多的感覺，還需要患者的親身領悟和耐心的深入鑽研，才
能夠真正、全面、透徹的認識。

四、站樁療法的實際應用問題

（一）四診的應用

　　中國醫學在治療疾病以前，首要的是運用四診的方法
來診斷病情，然後才能夠確定出較正確的治療原則。站樁

療法即屬於中國醫學遺產的一部分,在治療前當然也不能脫離四診的準則,不過在具體應用四診的方法時,與內科診斷時所應用的四診有所區別,現在就分別加以說明。

1. 望 診

醫生在治療前,先要觀察一下患者的面色,一般表現出青、黃、赤、白、黑的五色,隱然含於淺膚之中。而有光澤的為無病或病輕微之色,這類患者在確定治療方法時,可從姿勢負擔量和時間長短上要求稍高些。如果患者面色發現紅赤色,如重棗,或黃中透出淡白,或青中透出黑色,這類患者的病情,一般較為沉重,在確定調配原則時,一定不能使其姿勢負擔過大,時間也不宜過長,必須強調「在休息當中適當注意鍛鍊,在鍛鍊中多注意休息,休息與鍛鍊相結合」的方針,才能收到成效。出現這類面色的患者練功時,也最容易發生眩昏甚至虛脫現象,因此醫生在診斷時,切不可忽略。

其次在治療前,還要觀察一下患者的舉止動作,動作敏捷的在性情上一般都不太沉靜,很容易急躁,因而在練功時,往往是急於求成,醫生在指導時須防止其練功過久的偏向。動作遲緩的在性情上一般的都較沉默和安詳,有利於練功,但在練功遇到困難時,則大都表現容易退縮,醫生應適時多對其進行說服鼓動工作。

除此以外,還需要參考患者面貌的狀況,一般表現莊嚴者練功時容易認真,但也最易緊張;反之面貌帶有詼諧表現的患者,在練功時,一般都表現得不夠嚴肅認真,容易馬虎從事,如果不適當指導幫助,在收效上有時不夠明

顯。最後醫生還要觀察患者的體質胖瘦，胖者掌握放鬆容易，但耐久力不強，有時容易懈怠；瘦者耐久力強，但對放鬆的體會較慢，有時會發生緊或僵硬的現象。醫生初步掌握這些情況以後，在治療調配時，再參酌互用，一定可以收到事半功倍之效。

2. 聞　診

醫生在經過望診以後，進一步要聽一下患者的氣息，如果呼吸間很自然均勻的，一般多屬於病輕或體質較壯，練功的要求無妨稍高些。如果患者在呼吸間費力，出現吸氣短呼氣長或呼吸時隱然含有雜音的，一般多屬病程較長，或體質較為衰弱，這樣在治療時醫生須多注意指導。

在此同時，還要聽患者說話聲音大小、有力無力，聲音洪亮有力的，多屬於輕病或內部充實；聲音雖大而無力，或音微力弱的，一般多屬於病程較長和虛損症候，這些方面的情況，醫生一定要審慎，不可忽略。此外在練功期間，患者氣息一直急促不均勻的，醫生就應特別注意指導，甚至暫時令其停止練功，以防止出偏差。

3. 問　診

在目前有健全病歷制度下，醫生掌握問診已很方便，一般參考一下原有的病歷記載就可以了。但還需要重點問清適合站樁治療時所需要的一些情況，例如，問清患者得病原因，瞭解其性情與病情有無矛盾，以及目前血壓升降情況。血壓不穩定的，在練功時宜多加變化，適時指導。

此外，更須針對不同患者情況進行瞭解，一般潰瘍病患者還有龕影存在同時局部經常有疼痛感覺的，在練功開

始時，盡可能不用站式方法。

問清婦女月經情況也很重要，一般經期內要適宜地調整姿勢負擔和意念活動。對於一些月經病的患者，問清情況適當給予調配，也可達到治療的目的。

此外，問清患者目前有無發燒，如果是感冒發燒，練功時一定不能過累，必須先進行一次細緻的體格檢查，找出原因，再予治療。最後還需說清患者有無症候群存在，如果有症候群存在的，治療要特別細緻，以防止發生顧此失彼的現象。

4. 切　診

醫生在進行以上三點診斷以後，最後應注意到患者的手腳涼熱，一般手腳溫和為正常；手腳偏涼的多屬於氣血不和或虛弱症候；手腳偏熱的，如非臨時性感冒多屬於內傷症象，有必要進行細緻的體格檢查，弄清原因再進行治療，以防止出偏差。一般頭痛或腰腹部疼痛的患者，在治療前醫生可用手觸按，瞭解其疼痛部位是喜按還是拒按，明確虛實以便確定治療與輔助方法。

患者練功時候，醫生適當配合切診也很重要。如果發現患者練功時，出現手涼現象，可能是局部氣血阻塞，應使其注意局部肌肉放鬆。

患者練功時出現顫動情況，而顫動又是隱於內部，從外形不易看出，只有用手才能觸得時，多屬於氣血暢通表現；如果引起外形顫動而使患者的形與意皆有散亂之象時，應立刻糾正，因外形動的產生，一般由於患者姿勢調配不得當，或由於有意識追求的結果，這時有必要給予糾

正姿勢，囑其放棄外動的追求，外動現象就會停止；如果任其發展，就可能有不舒適或疲乏感覺。

練功時發現患者皮膚微潮，一般是營衛調和表現，如果濕潮如水，多屬表虛中氣不足，容易虛脫，此時已超過患者身體負擔能力，應立刻停止練功。

醫生除用這些方法外，必要時也可給患者切脈，從脈象中深入瞭解病情，以便能夠更穩準地確定治療方案。

（二）治療調配原則

站樁療法中的調配問題比較複雜，有時用文字的確難以全部表達出來。醫生在掌握調配時，隨時都應注意到「有形的、無形的、精神、力量、意念、假想」等方面的配合，這是直接關係到治療效果的。

為了使初學者能有所遵循，現把調配方法綜合出以下幾個原則，提供作一參考。

1. 姿勢與意念活動的配合

姿勢與意念活動配合問題，在整個站樁治療過程中，佔有極重要的地位，這兩方面互相制約，而不可偏廢。站樁療法的治療作用，並不在於所擺的姿勢是否美觀，也不在於姿勢之繁簡和先後順序，最重要的就是由四診掌握情況以後，把姿勢的動靜虛實與意念活動的方法，安排得恰如其分，使患者可以在最短的時間內，達到整體舒適，這樣才有利於健康的恢復。

一般初學練功的患者，最好先做些負擔量較小的練功方法，如提抱式、休息式、坐式、臥式等，然後結合具體

情況逐步加強。在意念活動方法上，初期最好配合以穩定情緒的練功方法，如遠聽、放鬆、淋浴等意念活動，隨著情緒穩定病情稍覺好轉以後，意念活動可相應加強些，可配合些依靠、頂懸、生根等活動，而適當地增加一些與外界假想聯繫方法。

但遇有某些患者，由於體質、病情和個人性格關係具有特殊表現，這時就需要配合一些切合其本身需要的意念活動，如經常有酸麻脹痛感的患者，練功開始就適宜配合依靠等意念活動；有些患者由於不大習慣練功，在開始時偶然會出現眩昏現象，有這種表現的，在開始練功時也要配合生根、淋浴等意念活動；練功期間經常有鬆懈表現的患者，其姿勢與意念活動可以適當加強，但又須防止過累；練功時經常僵硬的患者，必須等其體會放鬆以後再行加強，尤其注意使其在姿勢與意念活動方面儘量減輕，保持肌肉經常處於鬆弛狀態；對情緒難以穩定的患者，不一定令其永遠保持固定不動的練功方法，可適當給予配合左右移動力量或行走的練功方法。

當然這裏所談的很有限，在臨症具體治療時遇到的問題更多一些，不過一般能掌握這些要領以後，再加上自己不斷的體會鑽研，遇到問題時不難迎刃而解。

2. 症狀與練功方法的適應

為了使初學練功者能有準則，現在把哪些姿勢與意念活動適應哪些病症做一些原則性的說明：一般臥式練功適應於重病患者，以及不適宜起床的失眠症患者使用。練功開始可以配合遠聽、放鬆、逆水飄浮的意念活動。

坐式練功則適應於不合站式條件的身體又有一定負擔能力的患者，以及一些重性關節炎、潰瘍病和肢體殘缺的患者使用，坐式練功可與站式或臥式交替使用，練功開始時可配遠聽、放鬆、積累呼吸次數活動。

站式練功適應範圍較廣泛，凡是可以站立練功的患者，都可以使用站式練功方法，像神經衰弱、高血壓、肝臟病等都包括在內。開始進行站式練功時，可配合遠聽、單純放鬆等意念活動。行走式練功對一般患者來說，只作為配合輔助練功方法，可採取趟泥趟水等意念假想活動。

半伏式對消化系統障礙患者的療效較好，可以作為單獨或輔助練功使用，一般重點配合遠聽及單純注意腹部放鬆的意念活動。

這裏所介紹的是概要的情況，具體治療時遇到的問題還需要不同的對待，例如對神經衰弱患者治療開始時，原則上以站式練功中的提抱式為主，臥式練功為輔，遠聽、放鬆等意念活動，這樣做的目的從姿勢上看，不使初學練功患者有過重負擔，而意念活動的結果，能使患者較快穩定達到入靜與舒適的要求。又如對於高血壓症患者，練功開始時，一般可以用站式練功中的提抱式或休息式，但與神經衰弱的治法又不相同，這種病的治療一般不使患者兩臂有些微負擔，雖同樣是提抱式，但在姿勢大小程度上卻不同，要求兩臂與身體越近越好，相對腿部彎曲度上，可以適當逐漸加強，意念活動也要注意下領，可做些從上而下放鬆、淋浴、生根等活動。高血壓症從醫學觀點上看，大多數是因為陰陽失去平衡，而造成「血之與氣並走於

上」的症象，這樣調配的道理，不外是引導氣血下降歸於根底之意，這也就是使機體內部取得平衡的行之有效的方法。從這些例症來看，站樁療法的治療調配，絕不是前面列舉的幾個原則性方法所能全部概括得了的。

3. 調配的靈活性

有關站樁療法的調配原則，醫生在具體掌握運用時，不應過於拘泥，決定治療的關鍵不完全在於使用方法，而是在於隨時注意患者在治療中的變化，然後再臨床化裁運用，這樣才可以確定出適應患者在不同階段內的調配方法。如果脫離開這個原則，單純片面強調姿勢意念活動或某一個特殊方法的作用，那就必然離開了站樁療法的辨證論治實質，也絕不會收到完滿的治療效果。

站樁療法就是中國醫學遺產的一部分，所以一定應當遵循辨證施治的法則，在醫生心理上，不應該設想把一個方法，固定地、永無變化地適應在一個病上的機械做法，而必須從實際出發，根據不同病種，即明確出一般治療原則，又需掌握對不同患者的不同條件進行不同治療的靈活性。一個有經驗的醫生，所以能在較短時間內，收到較高療效的關鍵，也就在這個問題上做得比較好。

（三）常用的治療姿勢與意念活動類型

1. 姿　勢

（1）臥式練功方法

第一式：身體仰臥，閉目，嘴微張開，全身放鬆，兩腿稍屈或平直分開，足跟著床，雙手放於小腹部位，肘部

著床。

第二式：雙手放於身體兩側，手心向下或向上，肘部著床。其他要求與一式同。

第三式：兩臂抬至胸前，作抱物狀，十指分開微屈，肘部著床，兩腿稍彎曲。其他要求與一式同。

(2) 坐式練功方法

第一式：端坐椅邊，身軀直立，閉目，嘴微張開，全身放鬆，腳跟與腳掌均著地，兩腿彎曲約90度，雙手放於腿窩部位，臂半圓，腋半虛。

第二式：兩足向後收回，足跟放鬆微離地，兩腿彎曲40～50度，雙手位於腿窩部位或臂兩抬起，手指分開，指尖向斜前方，掌心向外作推物狀。其他要求與一式同。

第三式：兩足前伸，足尖回勾，足跟著地，兩臂抬起作抱物狀，鬆肩，肘關節稍下垂。為了加強，兩腿可懸空抬起。其他要求與一式同。

(3) 站式練功方法（站式練功方法計有24種，現介紹其中五種常用的基本姿勢）

第一式：雙手提抱式，兩腳八字形分開，寬度與肩齊，兩腳著地，足跟放鬆，兩膝彎曲與身長計約2～3公分，少屈或不屈應看病情而定。閉目，嘴微張開，保持似笑不笑。全身直立放鬆，雙手位於臍下，雙手之間保持三拳距離，手指分開，手心斜向兩方作提物狀，兩手與身體間隔一拳距離，臂半圓，腋半虛。

第二式：雙手扶按式，兩臂抬起，手心向下偏外方，手指分開稍彎曲向斜前方，臂半圓，腋半虛。其他要求與

一式同。

第三式：含胸掌抱式，兩臂抬至胸前，鬆肩，肘關節稍稍下垂，臂半圓，腋半虛，手心向內或向斜下方，手指分開作抱物狀，與胸前保持一尺以內距離，兩手之間約隔三拳距離。其他要求與一式同。

第四式：左右分水式，兩臂稍彎曲，向左右方向伸展，手心向下，手指分開。其他要求與一式同。

第五式：休息形

一式：雙手反背叉於腰部，臂半圓，腋半虛。其他要求與一式同。

二式：雙肘彎曲，搭扶在欄杆上，閉目，嘴微張開，全身放鬆，兩腿作欲走不走狀，後腳尖自然著地，兩腿可輪換。

（4）行走式練功方法

第一式：雙手放於衣袋內，拇指露出，或雙手反背叉腰，臂半圓，腋半虛，頭直，目向前方平視，兩腿自然緩慢向前行走，全身有如在水中蕩漾。

第二式：雙手向下外方左右伸展，手心向下保持不動。其他要求與一式同。

（5）半伏式練功方法

第一式：雙手扶按在椅背上，閉目，左腿在前稍彎曲，右腿在後自然直立，臀部向後方挺出，腹部放鬆，頭部可輪換向左右偏側，集中唾液下嚥。

第二式：兩腿平行分開，自然放鬆，鬆腹，一般臀部向後。其他要求與一式同。

　　掌握站樁療法以後，也可以不拘形式，無論是在平常行、站、坐、臥中隨時隨地都可練功，不受呆板姿勢的限制，正如我師王薌齋老先生常說的「只求神意足，不求形骸似」意義。

　　以上提出的僅為通常多用的姿勢，其實站樁療法是多種多樣的，這裏不能一一寫出。

2. 意念活動

　　(1) 放鬆活動。這個意念活動，由患者自己掌握，一般從眼皮部位向下體會放鬆，然後臉、嘴、肩、臂腕、胸背、腰、胯、腿，直到腳部。進行此項活動時，不能單純注意某個部位的放鬆，必須是循環不已的反覆進行。為了使每一個部位達到真正的放鬆，意念活動要做得細緻耐心。

　　(2) 遠聽活動。一般先從近處聽起，逐漸遠聽，達到凝耳細聽極遠方微小的聲音。遠聽時切忌急躁，也不應當抓住某個聲音不放的聽法，而是漫無邊際的，慢慢由近到遠，以致很遠。聽聲音時不能忽近忽遠。

　　(3) 優美環境的活動。患者可儘量自由地想一些生平最喜好的優美景象，如早晨平靜的海洋、夜晚的星空、農村豐收、空曉草原、高山雲霧等，但應避免作動的或不愉快的想像。

　　(4) 水中漂流活動

　　第一法：逆水漂流活動，可以想像自己是笑臥在溫暖的水中，水從頭部向下緩緩流動，川流不息，全身極為舒適，有如淋浴在水中，任其逐波漂流。

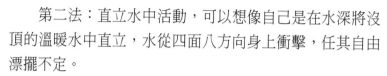

第二法：直立水中活動，可以想像自己是在水深將沒頂的溫暖水中直立，水從四面八方向身上衝擊，任其自由漂擺不定。

(5)淋浴活動。體會自己在溫暖室中進行淋浴，溫水從頭部緩緩流到腳下，逐漸感到全身輕鬆舒適，然後使意念注意聽腳下聲音。

(6)生根活動。把自己比成大松柏一樣，高入雲天，任憑風吹雨打，始終保持直立不動，兩腳如生根，站得很穩固。

(7)踩泥活動。可以想像自己在深沒腳腕的泥中行走，雖有阻力，但並不能擋住自己向前行走。

(8)積累呼吸次數活動。自己默默體會計算呼吸次數，以一吸一呼為一次，但切不可注意呼吸之長短。

(9)依靠活動。體會自己背、臀、小腿部位，都依靠在柔軟舒適的墊子上休息，全身輕鬆，沒有任何負擔。

(10)貼依活動。患者可體會自己胸部、腹部、腿部不斷地向柔軟墊子上貼依，經常保持著「似貼不貼，似離不離」的舒適狀態。

(11)頂懸活動。自己體會頭髮有幾根直立，上有細線吊繫，在站立時即保持頭髮不斷，又須使細線不斷，這樣全神貫注於頭頂部位。

(12)搭扶活動。練功時假想自己兩臂搭扶在欄杆上，也像是雙手扶在水中漂浮的氣球上，兩臂上面有如繩線吊繫，使力量保持均勻不懈。

（四）治療次數與時間

站樁治療每天最少應堅持兩次，最多不超過五次，一般初學練功患者，如無特殊原因，每天以三次為正常。至於治療時間長短，要按患者的不同病情和體質而定。凡不屬於內臟器官的病症，同時體質又不太弱的，在開始治療時，可以從10或15分鐘為起點；有內臟器官病症及體質衰弱的，可從5分鐘起始，逐漸延長，大體上每天延長1～5分鐘。

有些患者在開始治療時耐力不夠，經過治療幾天以後，耐力增加較快，在治療時間上也可與體質不太衰弱的患者一樣，作跳躍式延長，如從15分鐘延長到20分鐘、30分鐘不等，一般患者在達到40分鐘時，可算作一個鞏固階段，不宜再延長，使之在這個階段內更深刻體會站樁療法的舒適感覺，然後根據具體情況，再增加到一個小時。任何類型患者，雖然體力不斷增加，但治療時間每次以不超過一個小時為限，以免由於負擔過重，發生一些不好的反應。患者練功達到40分鐘時，每日堅持兩次即可，練功達到一小時的，每天堅持一次就可以達到治療目的。

（五）輔助方法

1. 凝神靜氣

站樁治療開始前，尤其是初學練功的患者，最好進行凝神靜氣的練習。凝神靜氣的作用，主要是使患者得以保持平心靜氣，心曠神怡地去練功。凝神靜氣的方法，可隨

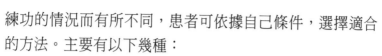

練功的情況而有所不同，患者可依據自己條件，選擇適合的方法。主要有以下幾種：

(1)站式練功的凝神靜氣法

第一法：站樁治療開始前，患者兩腳八字形分開，兩臂自然放鬆，頭正平視。做好預備姿勢以後，可慢慢把眼閉上，這時自己可體會全身上下內外放鬆，進而棄卻一切情緒雜念，逐漸使神凝意定，達到神如霧豹氣似靈犀，心中有如平靜清水的境地，這樣穩定片刻後再開始練功。

第二法：站樁治療開始做好預備姿勢以後，首先要求全身放鬆，兩臂與身體兩側稍分開，腋下似架拐狀，有向上提縱之意，頭稍向後仰，嘴微張開，挺胸，收小腹。稍停片刻後，再逐漸做還原動作。還原時首先要求全身處於鬆軟狀態，再隨著放鬆的緩慢速度，自然使身體恢復原狀。做完以後，眼前清亮、心胸舒暢為正確。這些動作反覆進行2～3次以後，再開始練功。

(2)坐式練功的凝神靜氣法

練功開始前，要求患者端坐椅邊，頭正目平視。做好預備姿勢以後，兩腿前伸出微屈，足跟著地，然後把嘴微張開，保持似笑不笑，頭微向後仰。同時，挺胸收小腹，腋下似架拐狀，有向上提縱之意。稍停片刻後，開始注意全身上下內外放鬆，漸使身體恢復原狀。可反覆進行2～3次。坐式練功仿照站式練功凝神靜氣第一法，沉默片刻再開始練功，也是可以的。

2. 按 摩

(1)練功期間按摩。患者在初學練功時，醫生可適當

配合一些按摩活動，這些按摩動作是比較簡易的。

第一法：揉肩。醫生雙手按扶在患者兩肩後部的天宗穴位，輕輕揉動，不要用力，以免影響患者練功。

第二法：擺胯。醫生雙手扶住患者臀部兩側，微微地從左向右或從右向左擺動。擺動時患者的動作，盡可能如抽絲一樣，不要斷勁，切忌粗心大意，馬虎從事。擺動要慢，以不影響患者練功，而又使之有舒適感覺為適宜。

第三法：捋按。醫生可用拇指按在患者兩臂內側的極泉穴上，逐漸沿兩臂往下捋按，經過間使穴到內關穴停止，至間使穴、內關穴時可稍用力。醫生也可以從患者臀部兩側環跳穴位進行揉按，然後沿兩腳內側承扶穴位向下捋按經腿的兩側陰陵泉、陽陵泉穴位，至太谿、崑崙穴位停止。這種按摩方法不僅起到消除酸麻脹痛作用，同時也可起到以指代針幫助治療某些疾病的作用。

第四法：顫抖。患者初練功時，兩臂最易出現酸麻脹痛感覺，醫生可適時握住患者的兩臂顫抖，達到舒適程度為止。

(2) 練功結束後的按摩

①自我按摩法

第一法：揉膝動作。患者可自己用雙手扶按住膝關節部位，兩腿微屈腰微彎，身體自然放鬆，然後慢慢從左向右或從右向左轉動數次。

第二法：兩臂搖擺動作。開始時兩腿八字形分開，寬度與肩齊，兩臂自然下垂，然後用腰帶動兩臂自然擺動，擺動時兩臂儘量放鬆，以有輕飄感為適宜。

②互相按摩法

第一法：兩臂顫抖動作。這一按摩方法，可由醫生或患者之間互相結組進行，如前顫抖法。

第二法：兩臂揉按動作。開始時一方站好，由對方用雙手中指按住對方背部天宗穴位，原位不動地揉動，然後沿兩臂內側極泉穴向下不停地捋按，至間使內關穴停止，其要求與練功期間按摩中的第三法大致相同，須反覆進行數次。

第三法：風池穴位揉動作。開始時一方用手的拇指與中指，按住對方風池穴位，然後原位不動地揉按，但不宜過度用力。

第四法：拍打動作。練功結束後，一方在對方後背部位，用雙手外側不停地拍打，使對方有輕快感為適當。

（六）手法的配合

手法的配合，對初學練功的患者，深入體會放鬆與入靜方面有很大幫助。這種手法必須由醫生來做，同時醫生本身又須具有一定的站樁功能才行。輔助手法很多，一般常用的不外顫、誘、透、溫四法。在施術時，從外形上看，都是從患者的頭頂髮際部位開始，摸到腳下，但患者內部的舒適感覺卻有所不同。

對初學練功患者，應用手法時也須參照不同情況而定，一般顫法用於形與意較緊張且不易放鬆的患者；誘法多用於身體內外某個部分有不舒適感的患者（編者注：原文未提及「透法」）；溫法也就是溫養之法，不論哪類患

者皆可使用。這四種手法可單獨使用，也可交叉混合使用，治療時一般交叉混合使用機會較多。

在給患者使用時，也須因人因時而異，初學練功患者，大約在練功10分鐘左右，開始使用較好，這時感覺靈敏，最易有舒適感覺；但有些患者則更須延長一些時間使用才行，在練功過一、二週以後，這些手法可適當逐漸停止，而配合其他一些局部按摩，以及幫助患者擺動的手法。如果醫生不詳查細辨，盲目施術，則會影響患者入靜，甚至會起反感。

（七）禁忌症問題

站樁療法與其他功法不同，在一般情況下，是沒有禁忌症的，但是有些情況，只要練功患者稍加注意後，仍可正常堅持練功。如女性在月經期練功，可以適當從姿勢和時間上稍稍減輕些，絕不會有什麼不良反應產生。不超過五個月的孕婦，在正常條件下也可適當做些站式、坐式練功。又如患者因為不注意，偶然患有感冒發燒時，只要不是高燒，仍可照常練功。甚至一些患者得感冒後，在練功過程中使全體透汗，感冒不用服藥而獲痊癒。某些患有內臟器官症的患者，其症狀又是正在進行期間，同時還伴有高燒的，應用站樁療法時必須詳加檢查後慎重處理，詳加指導，不應該與一般慢性病同等對待。

此外高血壓症患者，其血壓仍在持續上長，在應用站樁療法時，叮囑患者雙手不要上抬，最好位於臍下部，意念活動注意下頜，禁止遠聽，則不會有任何偏差。

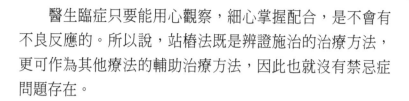

醫生臨症只要能用心觀察，細心掌握配合，是不會有不良反應的。所以說，站樁法既是辨證施治的治療方法，更可作為其他療法的輔助治療方法，因此也就沒有禁忌症問題存在。

（八）注意事項

1. 站樁治療前，要排出大小便。把衣扣腰帶鬆開，以免影響練功時的放鬆與入靜。

2. 空腹時及飯後，不宜做站樁治療，空腹時練功易有心慌感覺，所以最好在飯後一小時以後到飯前一小時之間治療，比較最為舒適。

3. 站樁治療時，應特別耐心，永遠保持平心靜氣，不可急於求成，要細心體察尋味醫生所要求的事項循序前進，才易收到滿意療效。

4. 站樁過程中，可能產生酸麻脹痛、哈欠、打嗝、虛恭、蟻走、刺癢、出汗、發熱等感覺，甚至多少年前外傷部位練功初期又有疼痛或刺癢感覺，這些都屬於練功過程中的正常反應，過一定時期後自然會消失，最後會產生肢體喪失感，也就達到全部輕鬆舒適境地，從而使病情得到顯著好轉或消滅。

5. 站樁治療時，必須掌握全身放鬆。所謂全身放鬆，就是要求做到形體放鬆，意念放鬆，力量放鬆，這是很不易做到的。既要身體每個地方都不緊張，但還需要做到相對的一面「鬆而不懈，緊而不僵」，這些動作比較起來，似乎是矛盾的、對立的，但實際上都是統一的。只有由矛

盾的對立過程，來尋求機體內部的統一平衡。只有機體內部平衡得到調整，才能達到治療目的。這就需要患者在治療中，細心鑽研體會才行（作者旁注：薌師指示：此處不宜多講）。

6. 凡是練過「注意呼吸，意守丹田」功種的患者，在站樁治療期間，應毫不猶豫地放棄原來的方法。因為站樁療法，是要由姿勢調配與意念活動，來轉移患者原有複雜的思維活動；而其他氣功，多是要求患者固定不動地「守竅」，因此二者在練功的基本方法上有矛盾，故不能同時並舉，否則不但不易奏效，反而會產生胸悶、氣短、頭昏等反應。

7. 站樁治療以後，有些患者可能有興奮反應。凡是有興奮反應的最好在臨睡一小時前進行練功，等到臨睡覺前時再配合臥式練功；有困倦反應的患者，可事先把被子鋪好，治療完了以後，就馬上可以睡覺。

8. 站樁治療時，在可能的範圍內，儘量因地制宜地把環境安排得優美些，在戶外練功時，最好到空氣新鮮，有山有水花草樹木的地方；在室內練功時，可擺些金魚、花草、風景圖畫等，並注意保持室內空氣流通。

9. 練功患者還需要注意平日休養，保持心情愉快，反對粗暴、浮躁、氣憤、憂慮、悔懊、得失之念，僥倖心理等，這樣治療效果才可穩步前進。

10. 患者應樹立信心，下定決心堅持治療，充分發揮主觀能動作用，建立革命樂觀主義情緒，以認真按照醫生指示練功，不能向困難低頭，或時斷時續，才可收到較好

的效果。

五、站樁治療過程中的三個階段

1. 初級階段

在這個時期內，不能使患者有過重的姿勢或時間負擔，以免影響練功，但由於患者開始還不習慣這種治療，或有些要領掌握得不夠，這樣就很可能有酸麻脹痛的感覺產生，最容易出現的就是：兩臂、頸部、胸、腿、膝關節附近部位。

這些都是初學練功的患者，沒有正確達到放鬆要求，以致產生不舒適感覺的結果，由於在這一時期內，產生各類感覺和反應較多，因此也就是決定站樁療法能否收到療效的關鍵性階段，患者對一般反應來說，影響都不會太大，而最大的也就是酸麻脹痛反應。

有了這些反應以後，患者往往就不自覺地注意酸麻脹痛部位，而忘記了放鬆以及意念活動的要求，這樣就越來越緊張，則必然使心浮而氣躁，以致使練功受到影響。

出現這個情況以後，如果在集體治療時，患者就很容易盼望時間，一分鐘一分鐘地計算，覺得實在難熬；而單獨練功的患者，也就無法堅持治療了。因此，患者在初練階段由於產生波動，而喪失信心產生懷疑，以致放棄治療的很多。

有了這些情況，醫生就要大力進行說服教育，使患者認識到這些現象只是暫時的，沒有什麼可怕，也絕不是練功練的不對了或不適應練功，從而鼓勵患者建立「堅持鬥

爭，就是勝利」的信念。這樣度過波動時間以後，患者的毅力受到考驗，自信心也就進一步加強了，體會才能層層深入，逐漸開始有舒適感覺。

2. 舒適階段

當患者度過初練階段的反應期以後，每當治療時，都可能出現全身透出微汗、打嗝、虛恭、四肢溫和現象。這時身體格外輕鬆舒適，自己也願意堅持治療，由於自己主動練功，結果體會就更加深入，最後就自然達到慢、深、細、均勻腹式呼吸目的，有時會感到肢體喪失，全身像大氣囊一樣，飄蕩起來，神情如醉，極為舒適，不自主地達到入靜較深的境地，可以體會到站樁治療是一種享受。

隨著體質的增強，治療方法和要求上，就可相應的加以變化，儘量做些適合患者所能負擔的姿勢和活動，這樣疾病迅速消失，而身體逐漸健康起來，以致完全恢復了正常人的工作能力。

3. 強壯階段

隨著患者體質的增強，根據患者本身的興趣和要求，願意繼續深入鑽研的可有系統地進行一些艱巨的複雜鍛鍊，以保持長久的健康，這就需要無休止地堅持下去。強壯階段的練功方法，對身體負擔能力的要求較為嚴格，所以凡是有病的患者，一定要在疾病真正痊癒的前提下，才可適當地進行這種練功，不可因一時的好奇或急於求成心理的指使下，而過早地學習強壯階段的練功方法。

所以，必須經醫生同意以後，方可進行鍛鍊，否則是不會有什麼補益的，此點患者尤須注意。

六、開展站樁療法以來的一些體會

1. 如何排除雜念問題

　　一些患者由於長期受疾病折磨，心理負擔較重，因而在練功時也就不可避免地出現雜念多不易入靜的情況，甚至覺得這一障礙不好克服，在沒辦法之中，自己就儘量地加以控制，企圖躲開這些複雜的心理活動，可是控制的結果卻不理想，雖然是間隔了幾秒鐘沒有想什麼，但接著雜念來得較前更多，這就像打仗一樣，在這個抗爭中，自己完全處於挨打的被動地位，以致苦惱萬分。然而從實際情況加以分析，雜念的產生是不可避免的，本身越怕雜念，雜念卻偏偏來尋找你，所以說雜念是自己使意念上一直處於緊張狀態的產物，意念經常緊張就不可避免地使雜念蜂擁而至。因此遇到這種情況時，患者應注意使意念放鬆，這樣雜念就會越來越少。

　　所謂意念放鬆，就是指對雜念不理睬的意念活動而言。意念放鬆並不困難，就是當雜念來到時，自己以漠不關心的態度對待之，絲毫不加以控制，甚至採取吸取雜念的辦法，覺得自己本身是個熔化雜念的大熔爐，把所有的雜念完全吸收到這個熔爐中，加以熔化，這樣使意念上放鬆以後，才有可能把雜念完全消滅乾淨，自己也就完全可以變被動為主動。很多患者練功開始對這個說法多少抱有懷疑態度，總覺得雜念之多，控制尚不能全部排除，採取意念放鬆吸收的方法，豈不會使雜念更多起來，但是經過實際體會以後，得出一個一致的結論，也就是意念放鬆吸

收雜念是排除雜念最有效的措施。

2. 引導入靜問題

一般初學練功患者，都希望快些入靜，但是由於對這一治療還無所體會，一時還摸不到門徑，為此也可用人為的辦法，幫助入靜，除了自己做意念活動以外，還可由醫生加以誘導。根據目前採取大小集體治療的特點，醫生用各別引導入靜方法，已跟不上形勢發展的需要，雖然是幾十個患者同時治療，只由一個醫生指導就可以了。

引導方法儘量適合患者每次練功的實際需要，如患者情緒表現興奮些，在誘導時可稍溫和低微些，以使患者情緒穩；如患者的情緒表現差，在誘導時聲調可稍微活潑些，以不致患者因情緒差而影響練功。

總之誘導聲音以使患者有舒適反應為適宜，能使其隨著引導聲音較快地達到鬆與靜的要求。誘導語言可事先編寫好，一定要切合實際，必要時還可配合一些優美緩慢的音樂，也能起到良好的作用。

3. 入靜的標準

有些人認為入靜好壞的標準，是看患者的感覺如何，甚至故意把入靜神秘化，說什麼入靜就是沒有知覺，不吃不呼吸了，達到入定入禪就如同入了仙境。這全是帶有一種封建迷信色彩的騙人的鬼話。站樁療法以及一切氣功的入靜，並不是神秘不可求的，大致可分為兩個方面：

(1) 淺入靜。練功至一定時間後，頭腦中有時仍在想些事，但其間有一段時間，什麼也沒有想，一會又想一會又間歇，這種情況我們就稱其為淺入靜。

(2) 深入靜。練功時全身達到放鬆以後，逐漸達到頭腦清醒，無思無念全身輕飄，如醉如癡舒適萬分，從而進入了醒覺的半睡眠狀態，在此時別人說話及做些什麼，自己完全清楚，但是不願去聽也不願意去管，很怕打擾了自己的舒適感覺，這種情況，我們就稱其為深入靜。

站樁治療時，患者能夠達到入靜程度時，其療效是會好些，但是並不等於沒有達到入靜程度的患者，就沒有療效。站樁療法特別是站功，與其他氣功不同，因為有姿勢鍛鍊，即使達不到入靜時，也可收到較好的療效，許多患者的練功事實充分地說明了這一點。如果患者在練功期間，一味地強求入靜，其結果就必然造成了意念上的緊張，恰恰給入靜造成了人為的障礙。

4. 解除局部酸麻脹痛的方法

有些患者在治療初期，可能產生酸麻脹痛感覺，這時可用以下方法加以解決：

(1) 醫生對發生這種感覺的患者，有時會很明顯地看出身體已經失衡，或局部僵硬，這時稍加輔導，把不平衡的部位進行平衡調整，把僵硬部位的姿勢加以變化或配合放鬆的手法，這樣就可使不舒適感得到解除。

(2) 有些患者的不舒適感，從外表上不易看出，這時可由患者自己調整，如注意局部酸痛點的放鬆，使上浮之氣下沉，從眼皮部位逐漸向下檢查放鬆直到腳部、或胸、背、臀、小腿部位有如正靠在柔軟墊子上休息，或單獨做一個部位的假想，這些都是減輕全身肌肉緊張，得以較快達到輕鬆舒適目的之捷徑。用以上方法，在一定時期內，

仍不能解除全部的不適感覺時，醫生還可以隨進配合一些簡易的按摩方法，或者結合具體情況，進行化裁施治。

5. 站樁治療姿勢、時間與療效的關係

站樁治療姿勢負擔量及時間長短，關係到治療效果，一般患者治療姿勢以適合自己主客觀條件為宜，如果負擔過重或過少，都達不到應有的效果，尤其在站樁時間上，以使體內不斷發生變化為宜，以總能保持使身體留有餘力的原則，這樣才能提高療效。因此醫生對待這一問題的盲目冒進，及縮手縮腳，都會影響療效。

6. 糾正由於練其他氣功所引起不良反應的方法

一般進行其他種類氣功治療的患者，如果缺乏正確的指導，最易發生偏差，就我們在治療當中見到的，由於練其他功種後所出現的不良反應，綜合出以下四種情況：

(1) 結胸感覺。某些患者在練其他功種時，由於缺乏正確的指導，經常意守中丹田，以致使精神長期集中到這個部位上，不能擺脫意守的影響，隨時隨地想這個部位，結果造成結胸、悶氣感覺。對發生這類感覺的患者，用站樁療法練功後，可逐漸正常，影響消失。練功時首先分散患者原來的注意點，如進行站式練功時，除配合適宜姿勢外，在意念活動上多使其注意從上而下的流水活動，集中注意腳下的聲音，過一定時期後即可收到成效。

(2) 印堂穴位疼痛感覺。有些患者練其他氣功，缺乏正確指導，經常意守上丹田，以致使注意力全部集中在這一點上，無法轉移，而產生副作用，每當閉目即感到印堂穴位有疼痛感，甚至因部位的疼痛過深，引起了眩暈、噁

心情況發生。

有這類反應的患者，在應用站樁療法練功時，除了醫生用手法誘導以外，可使患者採用遠聽，從上而下檢查放鬆及淋浴導引的意念活動，同時在練功時不嚴格要求一定要閉目，這樣過一定時間，此類不正常反應即可消失。

(3) 憋氣感覺。有些患者因練其他氣功缺乏正確指導，有意識控制呼吸不當，而發生憋氣的反應，一般在平時練功時，總想長出氣，不然胸中時時憋氣。產生這類反應的患者，在應用站樁療法練功時，經常注意把嘴微張開，按照站樁療法的自然呼吸方法練功，然後再消除。

(4) 部位疼痛的加重感覺。某些醫務人員缺乏對氣功的正確認識，或醫學知識不足，以致指導練功時，叫一些患有某個部位疼痛的患者來意守疼痛部位，因此患者的部位疼痛不會消失，反而產生疼痛加深的感覺。

有這類反應的患者，在應用站樁療法練功時，要放棄注意原有疼痛部位，再適當配合姿勢與意念活動，這些反應就會逐漸消失。

總之，由於守竅和注意呼吸練功所產生的不良反應，應用站樁療法以後，不良反應會逐漸消除。但患者千萬不可把這些反應當做精神負擔，有了這些反應的患者，如得不到及時指導，就必須下定決心，停止原有練功方法；如果還抱有猶豫不決態度，那就很難收到全效的。

7. 分組治療的好處

有條件的醫院，可以針對不同患者的不同體質，採取分組治療的辦法，還是較理想的。例如，對同一類型患者

根據病情、年齡、體質強弱，分為高、中、低級三種，高級組在練功方法上要求得高些，中級組其次，低級組又次之，這樣可收到異曲同工之效。

8. 隨時搜集患者反映

對站樁治療時所發生的疑問，儘量做到隨時解答，對某些意義帶有普遍性的問題，可在大小組內集體解答，同時也可定期召開經驗交流會，使患者之間互相介紹，取長補短。必要時可組織典型患者，把自己較好的經驗體會，向全體患者報告，這樣，也可起到積極治療的作用。

9. 有關培養患者治療信心問題

(1)首先樹立患者的革命樂觀主義信心，充分發揮患者的主觀能動作用，增強向疾病抗爭的勇氣，想盡一切辦法早日給患者解除痛苦，來鼓勵患者能夠很好地與醫生合作。

(2)治療前把站樁療法有充分科學根據的事實，向患者交代清楚，盡可能使用講課方式進行，這樣也可起到推動患者積極參加治療和充滿信心的作用。

(3)有些體質較好的患者，在治療之間，可教給他們練習揉手、試力等方式，這樣使其在練功中不感到枯燥，而有利於治療；但一定不要使之過累，以免妨礙治療。

結束語

站樁治療具有醫療與健身的兩種特殊性能，這裏所介紹的，只是偏重於醫療部分，健身部分介紹很少，其實全部的站樁養生方法，是由站樁、試聲試力、技擊等共同組

合而成的。但對於醫療與健身的要求上有所不同，總起來說，治療的練功一般要求做到形鬆意鬆，而在健身方面，則要求做到形鬆意緊，從站樁名稱上，就可以明顯得看出來。前面介紹的練功方法，都叫養生樁。養生樁中一般沒有負擔力量很大的姿勢。而技擊樁則不然，如丁八樁、降龍樁、伏虎樁等，負擔力量很大。雖然某些養生樁的外形與技擊有些相似，但在精神、力量、意念、假想方面毫無共同之點。健身樁更重要的一面，就是可以達到自衛目的，而養生樁在這方面的作用很小，所以對一些有病患者，過多從技擊樁方面介紹，是不恰當的。只有在其達到強壯階段以後，才可逐步練習。

此外站樁養生方法中，還有一套舞蹈動作，它也是中國古代藝術的一種特殊情況，已漸漸失傳，其中像白鶴舞、驚蛇舞、游龍舞、揮浪舞（即大氣舞等），隨著古代樂曲跳起來，非常美妙動人。與一般舞蹈在神情、力量上迥不相同。進行這種舞蹈練習，必須要有一定站樁基礎，而且還需要有適當的體形，才能做到好處。

目前這些舞蹈，只有我師王薌齋老先生能夠表演得優美，其他人由於在站樁功夫上不夠，有些動作還是難以表現到絕妙之處。這些寶貴遺產，有待於後一代能夠很快地全部繼承下來。

由於個人的功力不足，學識膚淺，有些東西至今還未體會到，也就無法用文字表達出來，因此，本文所寫的各項內容，可能有很多不全面甚至錯誤的地方，不過願以這些作為引玉之磚，敬希同好多加以指正。

王薌齋先生大成拳養生樁的
中醫作用機制探討

（1960年春）

　　養生樁既是拳術基本功，又是中國醫學中的治病健身方法。在我國經典醫學《黃帝內經》中提到「上古有真人者，提攜天地，把握陰陽，呼吸精氣。獨立守神，肌肉若一，故能壽蔽天地。」這是有關養生樁最早的文獻記載。中醫認為，人之所以致病，大多數是由於傷神、陰陽失衡、元氣不足、氣血滯塞、經絡不通、清濁相混、營衛不和等原因造成的，而養生樁可以由練功過程來緩解、消除這些致病因素。長期堅持練功，不僅能治病還可健身。

　　養生樁為什麼有治病健身作用。我個人認為在中醫治療機制理論中有其根據，現分別論述如下。

一、養生樁有調養精神的功能

　　對初練養生樁的人。要求「凝神，遠視，望遠收近，周身放鬆，默聽風吹樹葉響動，聽鳥叫蟬鳴，默想開闊遠方、優美風景，進行凝神靜氣活動」等等，就是由這些練功方法，達到「調養精神」的目的。

　　中醫認為「神」是人身之主宰，與「精」、「氣」有著互相牽制互為因果的關係，所謂「神役氣，氣役精，聚精生氣，聚氣生神」，就表達出了這種關係的內在聯繫。

正常人的精、氣、神都是旺盛的,如果受某些因素例如「七情」的影響而傷神,就可能使精與氣與神的正常平衡關係遭受破壞,因而致病。

中醫認為,神與內臟又有著密切關係。《內經·靈蘭秘典論》中說:「主明則下安,以之養生則壽」,「主不明則十二官危,使道閉塞而不通,形乃大傷。」可以看出「主明」、「主不明」,對維繫人體正常平衡關係、保持健康長壽是極其重要的。而在練養生樁過程中,不斷出現頭腦清醒、眼前明亮、精力充沛、神清氣爽、全身輕鬆舒適等反應,都說明了養生樁是具有調養精神之功能的,因此,可使由於「七情」傷神致病的人,通過養生樁練功,而使疾病逐步痊癒。

二、養生樁有培育元氣的功能

養生樁不主張控制呼吸,但練功到一定程度後,呼吸就會自然轉慢、深度增加,進入慢、深、細、均勻的「綿綿若存、似有似無」的呼吸狀態,由此可以逐漸達到下腹充實、培育元氣之目的。中醫認為元氣是人的生命之本,一個人的體質強弱,往往取決於元氣是否充實。元氣壯旺的人,必然身體健康長壽;元氣衰微者,則必然多病夭折。自古以來,所有的練功養生家們,都把由練功來培育元氣,看做是鍛鍊的重要環節,只不過是對如何培育元氣的說法不一。

養生樁的培育元氣,是主張在不違背人體自然生理條件下進行自然呼吸,也就是在有意無意之間,不偏於「跡

象」的前提下來達到的。《內經・四氣調神篇》中說：
「使志若伏若匿，若有私意，若已有得」，就具體指出了
培育元氣，應該是「勿忘勿助長」，而不是強行追求。如
果偏於跡象，去強行追求，必然要造成心理上的緊張，效
果適得其反。養生樁所主張的「越注意呼吸，就越不會呼
吸」是有道理的。養生樁練功到一定程度後，可以達到下
腹充實元氣壯旺的目的，這時練功者會感覺到底氣充足、
精力旺盛、筋骨肌肉格外結實。

練功者是否真正達到了元氣旺盛地步，可以用「試
聲」方法檢查鑒定。練功者發聲猶如「撞鐘幽谷」，但口
內無氣外出，同時腹肌開始發達，這就說明了練功者已達
到「聲由內轉、氣由內喚」的良好境界，同時也說明了在
練功的作用下，達到了中醫所謂「元氣充實壯旺」的效
果。

三、養生樁有調節陰陽平衡的功能

練養生樁到一定時期後，就會產生「全身高度的舒適
感，出現神情豪放、精神爽朗現象」，使身體經常保持有
「欣欣之意」的感覺，這就是一般練功家稱之為的「陰陽
調和，水火濟濟」。

中醫認為這是心腎交感的表現。心主降，腎主升，由
於在練養生樁的作用下，使心腎一升一降相互正常交感，
而使陰陽得以保持平衡，形成了治病健身的根基。因為正
常人的心腎交感過程是正常的，如果心腎交感失於常態，
陰陽就必不能很好地維繫，以致產生「陰盛則陽衰，陽盛

則陰衰」的病象，像某些神經衰弱、高血壓病都屬於這個範疇。患者陰陽長期處於失常狀態，嚴重的可以陰陽離絕導致死亡。《內經》中的「陰平陽秘精神乃至，陰陽離絕精氣乃絕」，就說明了陰陽平衡的規律。

而在練養生樁時，要求練功者還應保持「小腹鬆圓、常圓、實圓」，以達到充實下腹。並且通過「腳占七分，手占三分，以下帶上」的練功方法，使人體得以保持了上虛下實狀態，在多種意念活動的調節下，則加強了人體的心腎交感過程，使心腎交感達到穩定程度，維繫了陰陽的平衡，使疾病得以治療。

四、養生樁有調和營衛氣血及疏通經絡的功能

練養生樁時，需要擺設一定姿勢，還要求儘量使肌肉放鬆，使人體處在「鬆而不懈、緊而不僵」的練功狀態。同時注意鬆緊、動靜、剛柔、虛實及上下、前後、左右的調配得當，並要求練功者要在「不動中求體會，在微動中求認識，欲動欲止，欲止欲動」，並進行一系列意念活動，切實做到「不呆板、不拘泥」，由練功的多方調配，才能達到「全身氣血如巨海汪洋之水，波浪橫流，有迴旋不已之勢」的地步。練功者在達到這種地步時，產生一種動作的「阻力感」，這種感覺反映出練功者已逐步可以達到營衛調和、氣血經絡暢通之目的。

人體保持各部位的平衡，和營衛氣血經絡的通暢很有關係。一般正常人都是營衛調和，經絡氣血通達。在出現病反應時，就形成了營衛不和、經絡氣血不通的表現。長

期得不到扭轉，可能會造成「氣痹難通」、「水漿不入、形體不仁」，嚴重時還可能造成「精氣弛壞、神去而不可復收」，以致無法挽救。

中醫認為營衛之間、營衛與氣血經絡之間，都存在著互為因果的關係，所謂「營行脈中，衛行脈外」，即表達出營衛之間的關係。而營衛調和與維護經絡氣血運行通暢有關，經絡氣血通達也可以促進營衛的調和，所以說營衛經絡氣血之間，是有著多邊不可分割的內在關係。

養生樁練功過程中，練習者出現的「氣貫全身、手腳發熱、全身或局部顫動、全身微汗、皮下蟻走感」，尤其是關節炎患者練功後，病區出現的「出涼汗、冒涼風」感覺，都說明了是在練功的作用下，營衛經絡氣血的運行得到了調整改善，營衛和則腠理開，因此才能很好地排除汗液。「氣為血帥」，血通則氣必先通，氣血通達練功者才會出現「氣行」及「動熱」等反應。氣血通則經絡通，經絡通則臟腑得以保持平衡穩定，中醫所謂「營衛相得，其氣乃行。大氣一轉，其氣乃散」的論點，與養生樁練功時的反應是都相吻合的。

五、養生樁有調節清濁升降的功能

練養生樁時要求練功者經常保持「在鬆靜中求挺拔」、「在運動中求舒放」、「下實上虛，以下帶上」，從而不斷調整人體的上下、前後、左右的平衡關係，這樣就促進了人體的清濁升降的正常運轉。正常人的體內保持著「清邪中上、濁邪中下」的平衡關係，如果清陽之氣不

升，濁邪之氣不降，必生病象；清濁相混則必然會導致「氣滯血淤」、「水穀不化」，甚者使經絡臟腑失調。

古代養生家普遍注意到了人體的清濁變化，中醫也用升降原理來說明這個問題，例如「肝主升、膽主降、脾主升、胃主降」等。如果氣化升降不失常態，體內清濁自然保持分明，其人也必然健康長壽，喻嘉言在《醫門法律》一書中，針對人體的清濁升降原理告誡人們，要經常注意「俾賁門之氣傳入幽門，幽門之氣傳二陰之竅而出，乃不為害」的養生之道。

養生樁練功時，練功者出現「腹鳴、打嗝、出虛恭、食慾增加、大便通暢、身體輕健、神情愉快」等反應，都說明了是在養生樁練功的作用下，體內的清濁升降得到調整改善的表現。這也是養生樁治病健身的理論根據。

對以上練養生樁的中醫治療機制探討，由於個人認識水準有限，掛一漏萬之處在所難免，尚請醫界同志多加指教。

（原載《武魂》2007年第11期）

站樁療法的應用原則

（1961年9月）

編者：本文寫於1961年9月。何鏡平先生跟隨王薌齋先生學用站樁療法治病多年，深得王薌齋先生在醫療方面的真傳。王薌齋先生去世後，何鏡平在自己多年治療實踐中把站樁療法進行了多方面的系統總結並有所發揮。王薌齋先生在世時，對何鏡平先生在醫療方面成就倍加讚揚，曾在1961年（農曆十月初九日）贈給何一首詩，詩曰：「養生別開面目新，筋含勁力骨存神，靜如伏豹橫空立，動似騰蛟挾浪奔，吐納靈源合宇宙，喊聲叱吒走風雲，不知素問千年後，打破樊籬更多人」，以資鼓勵。

本文與何鏡平先生四年以後（1965年）所寫《站樁鍛鍊的基本原則》一文形成姊妹篇，可前呼後應閱讀此文，亦可參考何先生於1961年9月6日第985期《健康報》發表的《站樁》一文；1961年首發於《中醫學術參考資料第七輯》中的《對王薌齋先生站樁療法的實踐體會》一文；同年發表的《站樁的控制鬆緊平衡》一文；1963年3月21日同姚宗勳合著在《體育報》發表的《站樁功的意念活動》諸文。

寫在前面

這本小冊子是何鏡平大夫經過數年的實踐和體會,將王薌齋先生的站樁療法有系統、有分析地編寫出來的,雖然有些地方文字還不夠簡練,但還通俗易懂容易學習。

我認為:這種站樁療法是一種動靜結合,既練內功又練外功,簡單易行、容易掌握、療效又好的合乎多快好省的治療方法,勿論在防治疾病上和保健方面,都有它獨特的作用,希望大家大力推行。只要能下定決心堅持練功,祛病保健的目的是一定能達到的。

段慧軒

1961年7月

編者注:段慧軒時為河北省衛生廳廳長、中醫研究院院長

前　言

站樁，是我師王薌齋先生所創意拳的基本功，結合了我國經典醫學中有關「獨立守神，肌肉若一」的原理，透過醫療實踐而逐步形成的一種醫療體育方法。這種方法適應於治療很多慢性病，一般對於機能性疾病如神經衰弱、精神衰弱、癔病等；對於軀體性疾病如關節炎、外傷後遺症等；對於器質性疾病如冠心病、高血壓、心臟病、肝炎、肺結核、腎炎、消化系統病變等均有較好的療效。

站樁是一種依靠自力更生進行自我醫療的醫療體育方法，由於治療應用目前尚未普及，因此確定它的治療適應證範圍也有其局限性，今後必將隨著廣大群眾的治療實踐而得到進一步擴大與發展。

站樁是一種自我調節解決機體所呈現出一些矛盾，來達到增強自身的控制平衡能力的鍛鍊方法，因此，可以做到有病治病，無病健身的作用。在站樁過程中，由於由意念活動與姿勢練習以及配合鬆緊、動靜、剛柔、虛實的調配方法，可以達到調養精神、培育元氣、調節人體的陰陽平衡、調和營衛、流通氣血、調節體內清濁升降的作用，這樣可以使得由於這些方面失去平衡的患者在自我解決矛盾調節、控制平衡的過程中逐步使平衡得到調整，從而達到恢復健康的目的。

長期以來，我遵照了王薌齋先生站樁適用於醫療方面的一些傳授，曾在北醫第一附屬醫院、海軍醫院以及一些

部門單位給一些患者治療，使用以後，初步總結出八個方面的應用原則，以便於患者自行掌握使用，並準備在患者使用推廣過程中，再逐步總結提高。

具體練法

一、自由形意法

（一）適應證

凡屬久病不癒、身體極度衰弱的各種較重的慢性病患者及年老力衰的正常人，皆可使用。

（二）練　法

這個練功是在「全部休息中，適當注意鍛鍊的方法」，因此，不給設任何姿勢或意念，只要求患者在練功期間能夠做到全身有懶洋洋感覺，心胸舒暢，從而知道什麼是真正休息，就算達到了目的。

1. 臥床患者練功時，可以選擇自己最舒適的臥床姿勢，不拘於形，更不以為自己是在練功，然後把眼微閉，嘴微張開，似笑不笑，呼吸自然，使肌肉不緊張，全身鬆弛躺在床上，自己適當調整練功次數及時間。

2. 能坐起來的患者，練功時可坐在床上，背靠被褥或隨意靠在沙發椅背上，手腳放的位置，任其自然舒適。練功時把眼微閉，嘴微張開，呼吸自然，使肌肉鬆弛，體會內在的輕鬆舒適，有如把自己身體拋棄，不知所在。治療次數、時間可適當掌握。

3. 能站立的患者，可用背或左右肩懶洋洋地靠在一個地方，以站立的舒適得力為適當，更不以為是在練功。然

後把嘴微張似笑不笑，呼吸自然，使肌肉鬆弛，猶如不知置己身於何處。治療時間、次數可自己掌握。

（三）調配方法

1. 臥床練功患者，過些天能堅持練下去的，也覺得輕鬆舒適時，可把兩腿彎起，腳掌著床。雙手左右分開，腕下面起兩個枕頭，尤其注意小腹放鬆，或結合具體情況而定。

2. 坐著練功過一定時期，有好的感覺後，可適當把雙腿分開，向前自然伸出或收回，腳掌平行著地，背仍靠物，身軀可稍直些或結合具體情況變化。

3. 站立練功的，過一定階段有些舒適感覺後，可適當注意在練功期間，把胸向上挺拔數次，與伸懶腰相似，但要緩慢伸長，主要使「內氣放鬆，神情穩定」，逐漸使兩腳八字形分開與肩同寬或略寬。雙手背貼於腰部，背仍靠物休息，或結合具體情況變化。

（四）禁忌症

有發燒患者，應嚴格控制練功時間，不宜勞累。

二、微形留意法

（一）適應證

本法適應於各科長期患慢性病體質較弱，但病已接近緩解期，及用自由形意法練功，已初見成效而情緒不穩定

的患者，或一些年老體弱的常人使用。

（二）練 法

1. 尚在臥床的患者練功時，可不拘於形式，選擇自己最舒適的臥床姿態，其他與自由形意法練法中1項要求同。或按其調配方法1項的要求擺好後，使身體保持不動，然後選擇以下意念活動。

(1) 上下反覆放鬆意念

首先從眼部開始順序向下，經臉、口、頸、肩、胸、腹、腿直到腳部為止，意念想到之處，就儘量體會放鬆，要細緻耐心做好。

(2) 溫水沐浴意念

閉眼深思在洗溫水浴時的情景，暖水不斷從四面八方拂蕩著皮膚，大有懶懶欲睡之意。

2. 可以坐著練功的患者，練功時同自由形意法練法中2項或按其中調配方法2項要求，使身體保持不動，然後選擇以下意念活動。

(1) 遠聽意念

自己猶如坐於沉寂的太空之中，逐漸向左右擴散聽聲音，由近而遠，以致很遠，永遠保持漫無邊際、渺渺茫茫、似有似無的聽法，不要專門追求某種聲音，或採取忽遠忽近的聽法。

(2) 下聽意念

練功開始後，集中聽腳下的一些聲音，先近而後遠，由室內而室外，如聽行人走路聲、地下蟲爬聲，或默默聽

地面上似有似無的聲音均可。

3. 能站立練功的患者，可參照自由形意法練法中3項及調配方法3項要求保持不動，然後適當選擇以下意念活動。

（1）遠聽意念

自己猶如頂天立地的巨人，踩於四周無任何阻擋的大地上，傾聽無邊際沉寂異常的太空中，渺渺茫茫似有似無的聲音，先由近而遠，以致很遠很遠地向外擴散，使心胸開闊，無所追求。

（2）暖風吹拂意念

自己猶如立於風和日暖的大自然界中，陣陣暖風，不停地吹拂身體肌膚，從而全身毛髮隨著暖風搖擺，全身鬆軟，舒適異常。

（3）靜海微波意念

練功者以沉靜而又舒暢的心情，默想一望無際的平靜海洋，海風徐來，把海面上吹起細小波紋，瞬息即逝，繼而深入其境，把己身與海水融化為一，隨著微波蕩漾，滿天絢麗霞光照耀，時有柔風吹拂，海天相接，心胸格外開闊。

（三）調配方法

1. 臥床練功開始時，可選擇上下反覆放鬆的意念活動，逐步採用溫水沐浴活動，到一定程度後，可適當將雙手放於小腹部位，肘部著床，意念活動不變，或適當變化。

2. 坐椅練功患者，如無特殊情況，可選擇遠聽活動，覺得自己體力稍好些時，要求後背適當離開椅背，意念不變或臨症適當變化。

3. 站立練功情緒不穩定的，可做遠聽或靜海微波意念活動。肌肉緊張的可做暖風吹拂意念。患者體力稍增強時，可離開靠物，自然直立站好，意念不變或適當變化。

（四）禁忌症

高血壓及頭昏原因不明的患者，必要時可禁用遠聽意念活動。

三、輕形輕意法

（一）適應證

本法適應面最廣，凡是患有不太嚴重慢性病的各類型患者，可以自行堅持練功的，及用微形留意法治療後，病情逐漸好轉，或身體較弱的正常人，皆可使用。

（二）練　法

1. 臥　式

(1) 姿　勢

一式：平躺仰臥，閉目嘴微張開。兩腿分開與肩同寬，足跟著床，腳掌前部抵於床沿。雙手放於小腹部，肘部著床。

二式：仰臥，閉目，嘴微張開。兩腿平行分開與肩同

寬。雙肘著床，雙手位於胸前乳房部位，似抱物狀，雙手距離2～3拳，手腕自然微垂。

(2) 意念活動

一項：逆水笑臥意念——自己猶如笑臥在溫暖的水流中，清水緩緩從頭部沿著身體向下不息地流動，流至腳下無邊際的遠方，全身肌膚似乎都可觸覺到水流擦皮而過的感覺。

二項：採用微形留意法中1項上下反覆放鬆及溫水沐浴的意念活動。

三項：採用微形留意法練法中2項遠聽意念。

2. 坐 式

(1) 姿 勢

一式：端坐椅邊，閉目，嘴微張開。雙手放於腿根部位，或手背貼於腰部，肩鬆，臂半圓，腋半虛。兩腿回收，保持膝蓋與腳跟成一垂直線度數。

二式：端坐椅邊，閉目，嘴微張開。兩臂放鬆左右分開，與肩同寬，各搭放於低於兩肩高度的椅背或架子上，雙手自然彎曲。兩腿前伸，膝蓋微屈，足跟著地，腳尖自然向左右斜上方。

(2) 意念活動

一項：坐浴意念——有如坐在溫水中洗浴，全身毛孔都自然放散在水中，漂擺不定，同時細緻地想像全身肌肉皮膚都似乎受到溫水輕輕摩擦的舒適感覺。

二項：大氣合一意念——練功者可設想自己坐在優美舒適地方，全身皆被大氣包裹，毫無空隙，身體每一微小

動作，似乎都受到大氣阻力，逐漸體會到己身如在大氣中游泳，異常輕鬆舒適。

三項：採用微形留念法練法中2項遠聽又下聽意念活動。

3. 站　式

(1) 姿　勢

一式：全身直立放鬆後，兩腳八字形分開，與肩同寬或稍寬，閉目，嘴微張開，兩膝稍屈（以身長計約2公分），臀部似坐，腳跟部位回收。兩臂慢慢抬起，鬆肩，雙手位於臍下，手心向斜內方。

手指分開微屈，似握球狀，雙手之間距離2～3拳，與身體保持1～2拳距離，肘稍後撐，臂半圓，腋半虛。

二式：雙手背貼於腰部，其他要求與一式同。

三式：雙手掌心向下外方，其他要求與一式同。

四式：兩臂平行分開，與肩同寬，兩肘彎曲搭扶在欄杆或架子上，雙手自然垂下。閉目，嘴微張開，似笑不笑。全身放鬆，兩腿前後分開，作欲走不走狀，重心放於前腿，後腳尖自然著地，兩腿可輪換。

(2) 意念活動

一項：生根意念——把自己比喻鬆柏樹高入雲霄，而其根深入地層極深部，任憑風吹雨打，始終直立不拔，且依然具有生生不已之勢。

二項：直立水中意念——自己猶如直立在深將沒頂的溫水中，水從四面八方緩緩衝擊著皮膚毛孔，任其自由漂擺不定。

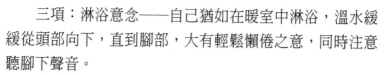

三項：淋浴意念——自己猶如在暖室中淋浴，溫水緩緩從頭部向下，直到腳部，大有輕鬆懶倦之意，同時注意聽腳下聲音。

四項：靜觀意念——練功者可默想自己在舒適恬靜的地方，沉醉於暖風吹拂百花齊放鳥語花香的優美環境中，若即若離地靜觀平靜的海洋、夜晚星空、皎潔明月、雲霧高山等，逐步達到心曠神怡忘我境地；但避免做動的或不愉快的想像。

五項：採用坐式大氣合一意念，及微形留意法中站式練功的靜海微波意念活動。

4. 行走式

(1) 姿　勢

一式：雙手放於兜內，拇指露出，臂半圓，腋半虛。頭直，目向前方凝視。兩腿自然緩慢向前行走，膝關節部位稍屈。

二式：雙手貼於腰部，其他要求皆同於一式。

(2) 意念活動

一項：趟泥意念——自己猶如在深將沒足腕或膝部的泥水中趟行，使每一步都有阻力感覺。

（三）調配方法

1. 臥式練功開始時，一般可用逆水笑臥意念，情緒緊張的可配合遠聽意念，肌膚緊張的可配合上下反覆放鬆及溫水沐浴意念。姿勢一般可採用二式，情緒或肌肉緊張及體力不佳的，可採用一式。練功期間有倦倦欲睡情況，

可按自己習慣左右轉側入睡，不必勉強堅持練功控制不入睡。如按一式練功腿部有累的感覺時，可在膝關節部下面墊些東西，以減輕腿部負擔力量。姿勢意念的應用調配，也可結合不同人的不同特點適當變化。

2. 坐式練功患者，如易緊張的，可採用坐浴及遠聽意念；有練功體會的，可採用大氣合一意念。姿勢一般可採用一式或配合以二式作為變化姿勢。練功過程中，如有體力不能支援情況，可把背部稍稍靠於椅背上休息一下，然後再離開，不要硬性堅持。也可與臥式練功交替使用。姿勢意念的應用調配，也可結合每個人的不同情況適當變化。

3. 站式練功，一般患者都可做姿勢中的一式，較弱者可做四式，有頭暈症狀可做生根意念活動，情緒不穩定的可做靜觀意念或遠聽意念，肌肉過度緊張用力的，可用直立水中及淋浴意念，稍有體會的可做大氣合一意念或靜海微波意念。姿勢意念用調配，也可結合患者具體情況，臨症化裁運用。

4. 行走式練功，除非對精神過度緊張，情緒不安坐臥無常的患者，可作為單獨使用外，對一般初學患者，盡可能作為輔功方法。做行走式練功時，可經常把嘴微張，身體向上慢慢挺拔，如伸懶腰狀，以保持內在舒適為宜。

（四）禁忌症

1. 有微燒或過度虛弱的患者，盡可能從臥坐式練起，不可勉強做站式。

2. 高血壓、頭暈、易嘔吐患者，初練功時除自己可適應者外，一般不宜用遠聽或在水中等意念活動。

3. 懷孕已過四五個月的女性及腿部有浮腫患者，或剛服用過急驟降壓藥，及服用易發生直立性休克藥物後，慎用或不用站式練功。

4. 女性在月經期間，可適當地減輕姿勢負擔，也可多做變化姿勢。

四、凝意輕形法

（一）適應證

本法對於一般稍重的軀體性疾病患者，如關節炎、下腰痛等病，及一般機能性症狀如高血壓、神經衰弱和內臟器官病如肝病、肺病等而無其他合併症患者，可用於治病使用。

（二）練　法

1. 臥、坐、站式練功，可採用輕形輕意法練習全部姿勢。練功時，擺好姿勢後，微睜二目向極遠方凝視，以使心胸舒暢為適當；如在室內練功可凝視景物、圖畫、花草、金魚，或聽輕音樂，以求得神寧意定，全身放鬆。

一式：兩臂分開與肩同寬，雙手扶按在椅背上，閉目。左腿在前稍彎曲，右腿在後自然直立。臀部向後挺出，腹部放鬆。頭部可輪換向左右偏側，集中唾液下嚥，把意念引向腹部放鬆。

二式：兩腿平行分開，自然放鬆，鬆腹臀部向後。其他要求與一式同。

（三）調配方法

1. 在練功過程中，如果發現有情緒不穩定等情況，可採取左右轉移力量和微動方法；如有意長期堅持練功深入專研者，仍可逐步採用輕形注意法進行練功。

2. 半伏式僅供有消化系統障礙、個別肝病及腰疼疾病患者使用，或作為站、坐式練功輔助功使用，必要時也可配合單純腹部放鬆意念活動。

（四）禁忌症

如睜眼練功感到不舒適時，仍應採取輕形輕意練功方法，其他皆同於輕形輕意法各項。

五、重意輕形法

（一）適應證

本法適應於已經用輕形輕意法的各類型患者，及一些已開始學習練功正需繼續從內部加強鍛鍊者在必要時使用。

（二）練　法

1. 臥　式

(1) 姿勢。可採用輕形輕意法全部姿勢。

（2）意念活動

一項：蹬頂意念——自己腳下猶如蹬著兩塊已被重力壓下的彈簧木板，稍一放鬆就可能彈打回來，頭部也如頂起一塊彈簧木板，稍一鬆勁，木板就可能沉下，使身體如在上下兩力夾擊之中穩然不動。

二項：夾球意念——在兩臂腋下及膝關節彎曲部位，猶如夾著氣球，稍一用力就可能把球夾破，稍一鬆勁球就可能跑掉，以保持似夾不夾的中和狀態。

2. 坐　式

（1）姿勢。可採用輕形輕意法的全部練功姿勢。

（2）意念活動

一項：踏板意念——兩腳下面猶如踏著兩塊被重力壓下的彈簧板，有「欲上不能」的狀態。

二項：頂懸意念——自己想像頭髮有幾根直立，上有細線吊繫，以永遠保持細線及頭髮均不斷為適宜，使全神貫注頭頂「欲上不上，欲下不下」保持平衡的狀態。

三項：夾球意念——下顎與頸部、兩腋下，猶如夾有大小不同的氫氣球，即不能用力，也不能放鬆，永遠處於「不鬆不緊」的狀態中。

3. 站　式

（1）姿勢。可採用輕形輕意法的全部練功姿勢。

（2）意念活動

一項：貼依意念——練功者可自己體會在胸部、腹部、膝部、腿部不斷地向身體正前面的柔軟物上貼依，經常保持「似貼不貼，似離不離」的舒適狀態。

二項：依靠意念——練功者後背、臀部小腿部位猶如依靠在柔軟舒適的墊子上休息，使依靠部位經常保持「似靠不靠，似離不離」的輕鬆舒適狀態。

三項：夾球意念——練功者猶如在兩臂腋下及兩腿襠內，都夾有氫氣球，即不用力也不鬆勁，永遠保持夾球部位，處於「不鬆不緊」狀態之中。

4. 行走式

(1) 姿勢。採用輕形輕意法姿勢部分。

(2) 意念活動

一項：推物意念——自己向前行走時，意想前面有巨大圓球，自己在走動中，把圓球向前緩慢地推動，或用身體膝蓋部位頂著向前滾動。

二項：拉力意念——在向後做退步行走時，意想前面有很重的圓球，自己用繩索拉著，使之隨身體向後滾動，保持不用力。

三項：拉物意念——意想自己身後拉著很重的圓球，自己在向前行走時，圓球在後跟隨著緩緩滾動。

（三）調配方法

1. 臥式練功一般限於肢體殘缺患者加強時使用，其他因病臥床患者在病已轉癒自覺體力增加時，可結合自己實際情況，逐漸配合微形留意法或輕形輕意法的坐式或站式練功方法。

蹬頂意念活動應控制適當練習，如有情緒緊張情況發生，可立即改用輕形輕意法中比較柔和的意念活動調整或

臨症適當變化，千萬不能硬性堅持。

2. 坐式練功患者，自覺體力增強時，可試驗練習站立練功，一般先採用微形留意法的全部練功方法或臨症適當變化。

3. 站式練功自覺體力增強時，可以練功時間上稍延長些，同時可適當多體會內在的感覺，如稍有不舒適情況發生，可立即縮短時間或減輕姿勢意念的負擔量，或臨症適當變化。

4. 行走式練功仍為站式練功輔助方法，或情緒不穩定患者單獨使用，時間不宜過長，發現有不舒適情況時，應立即停止行走式練功以緩慢舒適得力為宜，不應過於急躁。

（四）禁忌症

1. 臥式練功患者練功中病情有變化時，應停止練功，經診斷確定原因後再練，以免由於加強練功不適當，而影響對疾病的治療。高血壓患者雖已好轉，在加強時仍不宜採用踏板意念活動。

2. 高血壓及頭暈症忌用坐式頂懸活動。

3. 有內臟器官病患者，應用站式練功加強時應適當注意，不可操之過急。

4. 高血壓、心臟病等內臟器官病及孕婦和失眠患者，皆不宜用本法中加強的行走式。

六、輕意重形法

（一）適應證

本法適應於已經使用輕意輕形法的各類患者及有練功基礎的正常人從外形有加強必要時使用。

（二）練　法

1. 臥　式

（1）姿　勢

一式：平躺仰臥，閉目，嘴微張開。兩腿分開與肩同寬，足跟著床，兩膝微屈，兩腳自然放鬆。雙肘著床，雙手掌心向上，十指分開做推物狀。雙手放於兩肩部位，與肩部保持2～3拳距離，雙手之間保持4～5拳距離，兩臂肘關節彎曲部位形成鈍角。

二式：雙手位於胸前乳房部位，肘部著床，手心向內，十指分開似抱物狀，雙手之間距離2～3拳，兩臂肘關節彎曲部位不可成銳角。其他要求與一式同。

（2）意念活動

採用輕形輕意法臥式練功的全部意念活動。

2. 坐　式

（1）姿　勢

一式：端坐椅邊，閉目，嘴微張開，全身放鬆，兩足分開保持一橫腳距離，足跟回收，放鬆微離地，兩腿彎曲約40～50度。兩臂抬起，臂半圓，腋半虛，雙手放於腰部

平行位置，十指分開微屈，指尖向斜前方，掌心向外，作推物狀，雙手與腰部或胸部保持2～3拳距離，雙手之間保持3拳距離。

二式：兩臂抬至胸前，鬆肩，肘關節下垂，手心向下，鬆腕，十指分開似抓物狀，兩手與胸前保持3拳距離，雙手之間保持2～3拳距離。其他要求與一式同。

三式：兩臂抬起鬆肩，雙手放於嘴的平行位置，十指分開微屈，掌心向外，指尖向斜前方做托物狀，雙手之間保持3～4拳距離，與兩臂保持3拳距離，臂半圓，腋半虛。兩腿分開相隔一橫腳距離，向左右前方伸出，兩膝稍屈，足跟著地，足尖回勾。

(2) 意念活動

採用輕形輕意法坐式練功的全部意念活動。

3. 站　式

(1) 姿　勢

一式：全身自然直立放鬆，兩腳八字形分開與肩同寬。閉目，嘴微張開，似笑不笑。兩膝彎曲（以身長計算約3～4公分），臀部似坐，腿根部位回收。兩臂慢慢輕鬆抬起，鬆肩，雙手位於胸前，手心向內，十指分開微屈，似抱物狀，雙手之間距離2～3拳，與身體保持一尺以內距離，肘稍下垂後撐，臂半圓，腋半虛。

二式：兩臂稍屈，向身體左右伸展，十指分開微屈，手心向下作按物狀，手指向左右斜前方向。其他與一式同。

三式：兩臂抬起，鬆肩，雙手放於嘴的平行位置，十

指分開微屈，掌心向外，指尖向斜內上方做推物狀，雙手保持3～4拳距離，與兩臂保持3拳距離，臂半圓，腋半虛。其他要求與一式同。

(2) 意念活動

採用輕形輕意法站式練功全部意念活動。

4. 行走式

(1) 姿　勢

一式：雙手向身體左右側方向伸展，與腰部保持平行距離，十指分開微屈，手心向下，作按物狀，手指向左右斜前方向。頭直，目向正前方凝視。兩腿緩慢向前行走，腳底與地面保持似離不離狀態。

二式：兩臂抬起，雙手位於胸前，手心向下作按物狀，十指分開微屈，鬆肩，肘稍下垂，雙手之間保持2～3拳距離，與身體保持一尺以內距離，臂半圓，腋半虛。其他要求與一式同。

(2) 意念活動

採用輕形輕意法行走式全部意念活動。

（三）調配方法。

1. 臥式練功兩腿放的位置，以舒適得力為適宜，不可強行堅持或矯正姿勢，如患者體質稍差，把兩腿平放亦可，或臨症適當變化。

2. 坐式練功兩手之間距離不宜太近或太遠，以免有憋氣或氣短反應，同時不應把注意力全放在上邊，而要多注意體會下腹的感覺，腿部的彎曲度數不可過度計較，以舒

適得力為適宜。

3. 站式練功一般可採用一三式方法，胸部易緊張的，可採用二式方法，或臨症結合具體情況而定，在意念活動上，也可適當採用重意輕形法站式練功中的貼依及依靠活動。

4. 行走式練功時盡可能做到極慢程度，而每一動作中都如抽絲不斷勁，雖然外形在動，但是仍要保持直立不動時的力量均整，不可流於形式。

（四）禁忌症

本法練功主要適合病已基本痊癒，而逐漸達到強身目的的患者使用。

如果病情尚未達到基本痊癒程度，對一般機能性病，雖然影響不甚大，但對內臟器官病則絕對不相宜，因此，要特別慎重，不可急於求成。

孕婦用本法練功，也要注意不過累。患者能否進入本階段練功，應由醫生決定，方為穩妥。

七、凝意重形法

（一）適應證

本法適應於使用凝意輕形法已初見成效患者，及一些軀體疾病患者經過練功後只須從形的方面加強鍛鍊者，僅為達到治療疾病使用。

（二）練　法

1. 姿　勢

(1)臥、坐、站式可採用重形輕意法練功的全部姿勢部分。擺好姿勢後兩眼微睜，向遠方凝視，如在室內可凝視圖畫、花草、金魚，或靜聽輕鬆音樂及收音機中的優美動聽節目均可。

(2)半伏式。兩腿平行分開，保持2～3橫腳距離，全身肌肉放鬆，臀部向後挺出。雙手扶按在椅背上，如伏臥狀，臂半圓，腋半虛，頭可向左右輪換轉側，集中唾液下嚥。把意念引向腹部放鬆。

（三）、調配方法

1. 用本法各式練功時，多注意用意念引導局部或整體的微動，使內部經常存在有生生不已的動盪感覺。

2. 在練功中情緒有波動的患者，或欲長期堅持練功及深入鑽研的患者，最好在病癒後採用重意輕形法進行長期練功。

3. 半伏式僅供輕微或臨時消化系統障礙及輕度腰疼患者，作為單獨或輔助練功使用。本法半伏式較凝意輕形法半伏式二式姿勢加重即可，練功時也可適當把力量向左右兩側轉移，必要時也可配合輕意輕形法中站式練功的某些意念活動。

（四）禁忌症

同於重形輕意法各項。

八、重意重形法

（一）適應證

本法適應於各類型患者完全恢復健康的正常人，有較長時間練功體會，而進一步要求達到卻病延年強壯筋骨作用。

（二）練　法

1. 臥　式

(1) 姿　勢

一式：平躺仰臥，微睜二目，嘴微張開。兩腿分開與肩同寬，足跟著床，兩膝彎曲，兩腳放鬆回勾。雙手位於胸前，手心向內，十指分開微屈，作抱物狀，雙手之間距離2～3拳，雙手與身體保持一尺以內距離，臂半圓，腋半虛。

二式：雙腿平行分開後，足跟相對，兩膝外撐，中呈圓形，足尖沿左右側回勾。其他要求與一式同。

三式：兩臂抬起，掌心向外，十指分開微屈，作推物狀，雙手之間保持2～3拳距離，雙手與身體保持一尺以內距離，臂半圓，腋半虛。其他要求與一式同。

（2）意念活動

一項：撐夾意念——練功者的顎下、胸前、腋下、兩腿之間猶如都夾著或抱有氫氣球，即不用力也不放鬆，兩臂與腿外側，如有重物內壓，卻依然平穩不動，全身各部保持有撐夾之用，永無偏倚之力。

二項：勾提意念——練功者雙腿及腳尖，似勾在彈簧上，彈簧之力後拽，練功者腿部大有稍一鬆勁，就被彈簧拉直之勢，使雙腿保持有綿綿不斷的勾提含蓄力量存在。

三項：採用重意輕形法坐式練功的蹬頂夾球意念活動。

2. 坐 式

（1）姿 勢

一式：端坐椅邊，微睜二目，兩腿平行分開，與肩同寬，兩腿彎曲呈40～50度，足跟回收微離地。兩臂抬起，雙手位於胸前，手心向內，十指分開，微屈似抱物狀，鬆肩，肘關節稍稍下垂，雙手之間距離3～5拳，雙手與身體保持一尺以內距離，臂半圓，腋半虛。

二式：端坐椅邊，兩腿懸空抬起，比肩略寬，足尖回勾。其他要求與一式同。

三式：兩臂抬起，雙手位於兩耳平行位置，雙手掌心向外，十指分開微屈，向斜上方作推物狀，鬆肩，肘稍下垂，臂半圓，腋半虛。其他要求與二式同。

（2）意念活動

一項：撐抱意念——練功者兩臂內側，有如抱住大氣球緊貼於胸部，而有欲向外膨脹之勢，兩臂外側也如有力

內壓，而形成欲脹不得、欲收不能的撐抱相互為用，永無絕對定向力量狀態。

二項：勾拉意念——練功者進行本法坐式練功，兩腿抬起後，兩腿膝關節部位及兩腳尖，有如勾在一物上，欲回勾而有力外拉使之欲前伸，致使雙腿永遠處在勾拉錯綜為用的狀態中，而無定向力量。

三項：採用重形輕意法坐式練功中蹬頂及夾球意念活動。

3. 站 式

(1) 姿 勢

一式：全身直立放鬆，身體向右方斜側，右腳向右前方出半步，成丁八步如稍息狀。頭正，目微睜，向前方凝視，下顎回收。左腿彎曲，右腳跟放鬆微離地，臀部似坐，腿根回收，雙腿力量分配形成左占七成右占三成，膝關節部位外撐內夾。兩臂抬至胸前，肘部向左右方向撐開，雙手掌心相對，左手指尖位於右手掌心位置，十指分開微屈似抓物狀，雙手指向前方，兩手之間距離2～3拳，雙手與身體保持一尺以內距離，鬆肩，肘稍垂，臂半圓，腋半虛。與此要求相同，可向左側變換方向。

二式：全身直立放鬆，身體向右方斜側，右腳向右斜角前方出一大步，成弓箭步。頭正，目微睜向前方凝視，下顎回收，左腿彎曲，左腳跟放鬆離地，臀部似坐，腿根回收，雙腿力量分配形成左占六成，右占四成，膝關節部位外撐內夾。兩臂抬至胸前分開，右手在前，左手在後微低，雙手之間距離5～6拳，右手與右胸在手與左胸各保持

一尺以內距離，十指分開微屈，似抓物狀，掌心向下外方，鬆肩，肘關節外撐稍垂，臂半圓，腋半虛。與此要求相同，可向左側變換方向。

(2) 意念活動

一項：勾銼意念——練功者兩手兩臂及腿彎曲部位，做前後動盪想像，以外人難以察覺為宜。向前時兩臂雙手及腿部彎曲部，有如鋼銼之物，阻力甚大，向後時猶如勾竿掛物，欲動不能，一勾一銼之中，全身內部如大海波瀾迴旋不已，身體外形卻始終平穩不動。

二項：平衡意念——全身上下左右前後皮膚毛髮各部，都如與物遇毫無空隙，整個身體欲上則下，欲下則上，欲前則後，欲後則前，欲左則右，欲右則左，身體兩臂居於不上不下，不前不後，不左不右力量之中，而無定位方向。

三項：撐夾提墜意念—— 練功者兩臂猶如有力內壓而內側抱物甚實無法壓動，腿部也如有力內壓夾物甚實，無法壓動，頭頂部有如繩吊繫拔地欲飛，腳下如樹之根紮地極深，非常穩固，全身處在撐中有夾，夾中有撐，提中有墜，墜中有提的撐夾提墜錯綜力量之中，浩然直立。

4. 行走式

(1) 姿勢。採用重形輕意法全部姿勢。

(2) 意念活動

一項：分水意念—— 全身如立水中，每行一步都覺四面八方有水衝擊之力，雙臂不停分水，使身體借力向前移動。

二項：平衡活動——採用站式練功的平衡意念活動。

（三）調配方法

1. 臥、坐式練功宜於某些肢體殘缺，無法起床或站立的人使用，有病患者未能適應這種練功的不應勉強，以免發生不良反應，坐式練功的一二項意念活動，必要時也可聯合使用。

2. 站式練功必須是健康人使用，練功時不要計較肢體彎曲度數，仍以舒適得力為主，同時要注意力量分配，一般的是腿占七成，臂占三成的方法，以免使氣血上浮發生偏差。練功基礎差，人先使用一式方法，逐步採用二式；如果身體條件不夠，可長期採用一式練功。

3. 行走式練功也須健康人使用，練功時要求逐步掌握「上欲動下自隨，下欲動則上自領，上下動中間攻，中間攻上下合，內外相連，前後左右相應之動」的要領，這樣才易達到動靜虛實變化神速莫測的地步。

（四）禁忌症

本法只適應於健康人及病癒後有站樁練功基礎的人使用，凡屬體弱多病或有病未癒及孕婦年老體衰的人均在禁忌之例。

後　記

以上介紹的八個方面練法，是我個人隨同王薌齋先生在長期醫療實踐中，初步歸納出來的，很不全面。王薌齋先生在傳授中，曾一再強調每個人的具體條件不同，而必須採取「因病設式，因人而異」的靈活方法，因此，對於一個雖然開始練功只一天的人，作為我們久從事站樁治療的人，也有向他學習的地方。

王薌齋先生是把站樁適應於醫療方面的創始人，對於站樁研究的造詣很深，但是直到他去世前不久還一再強調，對於站樁這門學術他本人究竟懂了沒懂、入門還是沒入門仍是個疑問，因此，提出了「師法當遵守，不可太拘泥」的認識。在王薌齋先生的很多指導練功的詩詞中，都強調了「打破樊籬」的語句，王薌齋先生告誡後來者不受框框限制，這就表達出了王薌齋先生治學的謙虛和科學態度。

希望廣大患者，能夠把王薌齋先生傳授經驗通過自己的鍛鍊實踐，不斷加以總結，以使這種醫療體育方法，更加完備，更好地為廣大人民群眾服務。

站樁的控制鬆緊平衡

（1961年初）

（筆者說明：本文系1961年初與姚宗勳先生共同編寫，由何鏡平執筆並向《健康報》投稿，因故未能發表。）

正常人身體的各個系統，都是在矛盾運動中保持平衡狀態，如果發生病理變化以後，就會變得不平衡，甚至不平衡達到很嚴重的地步。醫生在治療時，無論採用藥物、理療、針灸等等，都不外是使不平衡部分，透過治療趨於平衡。站樁在治療方面也具有這個道理。

站樁可以在練功的作用下，使練功者能夠調整和控制機體本身的平衡，所以常練功的人，一般不致因外來的刺激，而過度興奮或抑鬱，在工作上表現出耐力持久，緊張時間稍長也能保持精力集中，事後又能迅速消除疲勞，對體力活動較強的人，可減少其心血管張力，並能降低能量消耗。經常練功的人，由於控制平衡能力較強，因此就減少了得病的機會。

站樁控制平衡的方法較多，大致可分為鬆緊、動靜、剛柔、虛實、上下、前後、左右幾個方面。

對初練功的人來說，鬆緊平衡，又是其他平衡的主要環節。如果沒有控制鬆緊平衡，要想全面掌握控制其他平

衡，也是不現實的。

　　用站樁的觀點來理解人體的鬆緊平衡，就必須溯及到初生的嬰兒。出生嬰兒的全身各部位，都是保持正常鬆緊的狀態，在肌肉上沒有特別緊張和特別鬆弛的部分。以後隨著嬰兒的成長發育過程和生活習慣的影響，在身體的不同部位就有了不同程度的鬆緊變化。比如，常拿東西的手部、臂部或某些常有動作的肌肉，就逐漸緊張些，不常使用的某些部位肌肉就比較鬆弛，因而也就打破了原固有的鬆緊平衡狀態，建立起適應自己生存狀況的新的平衡。而這種平衡狀態，又是隨著自己不同的生存條件，不斷變化發展著，從少年到青壯年、老年，始終如一。也正因為這樣，有些人能夠很好地適應不斷變化的生存條件，也就是使勞逸結合得好，隨時使自身鬆緊狀態得到調整，使之平衡，因此，就保持了健康長壽。

　　而有些人由於不善於調整鬆緊變化，形成了有時在緊張以後，一直鬆不下來，長期處於緊張狀態；而有時卻是一直鬆弛，無法緊張起來，以致經常生病形成未老先衰，這種鬆緊不平衡狀態，都有表現。

　　我們可以觀察到，失眠症患者眼部、耳部肌肉特別緊張；焦慮症患者顏面肌肉很緊張，所以經常是「眉頭緊湊」；強迫症患者的精神狀態長期緊張，鬆不下來，以致無法擺脫思維活動的被動地位；肌肉萎縮患者病區肌肉越來越緊張，以致失去知覺；高血壓症患者長期處於上下（陰陽）不平衡狀態，以致氣血上逆，頭重腳輕，諸如此類舉不勝舉。

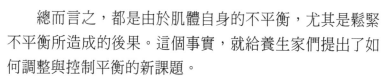

　　總而言之，都是由於肌體自身的不平衡，尤其是鬆緊不平衡所造成的後果。這個事實，就給養生家們提出了如何調整與控制平衡的新課題。

　　站樁練功開始的基本環節，就是解決鬆緊問題，要求練功的正常人，在原有的鬆緊狀態下，怎樣去提高、建立一個更好的平衡，以使身體越來越健康；而要求病患者，怎樣擺脫現有的鬆緊不平衡狀態，建立一個正常的新的平衡，從而達到治療疾病的目的。

　　初練功者在練功開始時，首先應當解決的就是通過意念活動，把過度緊張的部分包括精神、肌肉鬆下來，把過鬆的部分緊張起來，以便建立一個初步的鬆緊平衡。很多患者由於鬆緊關係非常不協調，在建立最初平衡時，不可能是直線上升的，而是在高低很不平穩的情況下前進的，所以在練功開始幾天後，有時覺得很難受，酸麻脹痛，全身抖動，兩臂及腿部經常有酸痛點出現。連續調整一段後，就逐漸達到全身輕飄飄，非常輕鬆舒適；可是過些天又覺一無所獲。甚至其他部位又重現不舒適感；再調整後出現了更好的輕鬆舒適感。

　　與此同時，練功者的思維活動也是極不平靜的，一般開始練功時，永遠克制不住腦子裏的胡思亂想，可是過些天逐漸穩定下來，頭腦清醒，從而使全身進入舒適期。但過些天卻又亂了起來，自以為無法收拾，可是不久又平衡下來，比最初的穩定又提高了一步。具體到每次練時，也會有不穩定與穩定的變化。

　　這樣，在不舒適與舒適的變化中，練功者的情緒，也

必然隨之起伏不定，凡出現舒適感時，心情就愉快，有時自以為可以摘掉「病號」帽子；可是在出現不舒適感時，就又灰心喪氣，悲觀失望，甚至放棄練功。

針對這些情緒變化，要求練功者在每次出現舒適或不舒適感時，都能正確認識到，這是肌體在建立與調整新的平衡關係過程中，應有的合理反應，因此，只從積極方面設法使鬆緊平衡關係，更緊密地協調起來，而不應有任何的懷疑退卻。

站樁的不少意念活動和姿勢調配，是圍繞解決鬆緊平衡關係這一內容進行的。例如情緒不穩定的人，練功開始可以做遠聽的意念活動，也就是不用強意識追求，傾聽風吹樹葉及草動，渺渺茫茫似有似無的聲音，由近而遠以至無際的遠方，這樣就容易放棄自己的胡思亂想，使精神上的鬆緊平衡得到調整。

對肌肉緊張的人，可以採用適宜的放鬆意念活動，如「溫水洗浴」、「暖風吹拂」等意念活動，同時適當地進行姿勢的動靜、虛實、剛柔、上下、前後、左右的調配，這就使肌肉的鬆緊，得到了某種程度的平衡。

根據一般練功者的特點，都是「上實下虛」，而練功者又不自覺容易注意到兩臂或上半身的某些地方，這樣就能引起心浮氣躁，使虛者愈虛實者愈實。所以站樁強調了「腳占七分，手占三分」的比例，並且配合了很多充實下部的意念活動，從而也就保持了上下的鬆緊平衡要求。

解決鬆緊平衡關係是沒有止境的，而是隨著練功的持續進行，更細緻深入一層的，把因緊張而鬆弛下來的部分

又緊張起來，把因鬆弛而緊張起來的部分再鬆弛下來，這樣一個接著一個無窮盡地進行鬆緊變化的結果，就增強了人體的控制平衡能力，患者的症狀就會有明顯的改變。例如失眠症患者中由徹夜不眠或睡得很少，達到睡眠忽好忽壞，而逐漸保持穩定，最後達到睡眠時間延長，入睡深沉的目的。高血壓患者由頭重腳輕到頭部輕鬆腳下有根，血壓降低以至正常。其他症狀患者也都是按照鬆緊平衡的變化規律，使疾病由好轉以至痊癒。

從這些事例中，都說明了站樁的控制鬆緊平衡是由粗到細、從細到微以至變化無窮。但在這個過程中，必須很好地尋求動靜、剛柔、虛實、上下、前後、左右平衡的有機配合。

例如，在出現呆板或鬆懈時，要用纏綿不斷的微動來調節；出現困倦時，就需要意念姿勢稍加強些，有時可使一條腿沉有力，一條腿虛不用力，使之減輕負擔得以休息。總之，練功者應明白「加強鍛鍊是為了減低疲勞，而減低疲勞是為了加強鍛鍊」這一調配法則，才能保持平衡從一個狀態達到一個新的平衡狀態，這樣就可使練功者從低級階段進入高級階段，從而去掉疾病，達至保健延年。

（原載《武魂》2006年第7期）

大成拳養生椿簡易入門法

（1975年6月）

（本文寫於1975年6月，是據筆者早年拙著《站椿鍛
鍊基本原則》脫化而成）

　　我國著名拳術家、養生家王薌齋先生所創立的大成拳
與養生椿，二者在練習方法上是有區別的，但又都是以站
椿為練功的基礎。在拳術上的椿法稱之為技擊椿，其意念
活動要求強烈；在醫療的椿法稱之為養生椿，其意念活動
要求柔和。對有病患者來說，開始應練養生椿，待身體逐
漸強壯後才可以練技擊椿。練功者如果脫離自身條件，進
行超負荷鍛鍊是達不到應有效果的，甚至對身體無利反而
有害。因此，練功者對王薌齋先生提出的「養生和技擊是
一件事」的說法，應有正確理解。

　　養生椿強調透過站椿和意念調節人體內臟機能的平
衡，以達到治病健身目的；技擊椿則由站椿和加強意念去
求得各種力，增強自身的調節，控制平衡能力，而在實戰
搏擊中，運用自身具有的各種力去破壞對方的平衡，而將
對方擊出。因此，大成拳技擊椿、養生椿雖然都以站椿為
練功基礎，其實際效果則截然不同。

　　大成拳中養生椿的簡易入門法，僅限於治病健身及初
步練習大成拳者使用，而不能滿足久練大成拳者的需要，

因大成拳的各種求力方法內容繁多，這裏因篇幅所限，不能把大成拳的全部求力方法全面介紹，請讀者見諒。

一、靜位式練功法

靜位式練功法，是練功者全身在沒有姿勢位置移動表現的狀態下，自我尋求解決鬆與緊、上與下的矛盾，從而達到調節控制平衡的練功方法，這是大成拳養生樁的初步練法。靜位式練功法中包括姿勢、意念活動、練法三個部分，本文所介紹的幾種姿勢、意念活動，是練功時常用的基本方法，練功者掌握這些方法後，對其他多種姿勢、意念活動，稍經指點即可掌握，本文不擬贅述。

1. 姿　勢

一式：全身直立放鬆，不任意亂動，兩腳分開與肩同寬，兩膝稍屈，收腹放鬆，臀部似坐。兩臂慢慢輕鬆抬起，雙手位於臍下，手心偏內向上，似托物狀，十指彎曲分開，雙手之間保持四拳距離，與身體之間保持二拳距離，鬆肩，臂半圓，腋半虛，頭直，目向前方遠視，嘴微張開，全身保持放鬆。

二式：雙手手心向內，抬至胸乳部位，與身體保持一尺以內距離，雙手之間保持二拳距離，十指分開，彎曲似抓物狀。頭直，目向前方遠視，嘴微張開，全身放鬆。其他與一式同。

三式：端坐椅邊，身軀直立，閉目，嘴微張開。全身放鬆，兩足向後收回，足跟放鬆微離地，兩腿彎曲約40～50度。雙手位於兩腿窩位置，手心向上，十指分開，似托

物狀，或兩臂抬起，手指分開，指尖向前方作推物狀，臂半圓，腋半虛。

四式：身體仰臥，閉目，嘴微張開。全身放鬆，兩腿稍屈或平直分開，足跟著床。雙手重疊放於小腹部位，肘部著床。

2. 意念活動

一法：控制整體平衡——空氣游泳法。擺好姿勢後，全身直立放鬆，鬆靜自然不用力，開始意想自己是直立在溫暖水中，或假想自身周圍的空氣都是水，稍一動作或用力就會遇到水的阻力，從整體進行體會，使全身有從四面八方與水接觸的感覺，假想全身毛髮都隨水蕩漾。這種練法既是解決練功者自身鬆緊的調配法，又是尋求解決上下、前後、左右的矛盾，達到初步控制平衡。

進行這個意念活動時，全身力量不可能是絕對的平衡，必然要出現單、雙重鬆緊的不平衡狀態，有時偏上、偏下、偏左、偏右的肌肉力量時鬆時緊，猶如受到水的衝擊產生阻力，在偏上時想到向下調整力量，在緊張時力求放鬆，餘此類推。這個意念活動在練功進行中幾乎無休止，使全身不斷出現「平衡均整，舒適得力」的要求，這是求得渾元力的唯一途徑。

二法：控制上下平衡——上下鬆墜法。全身直立放鬆，意想頭部髮際間有繩吊繫，腳下如踩在水中的浮板之上（猶如做滑水板運動情景），頭部吊繫之力稍鬆，全身重量下沉，腳下所踩水中浮板也會受壓而下沉，因此使頭上吊繫和腳踩浮板的意念同時進行，使雙腳處在既不離開

浮板也不踩沉浮板的不上不下狀態。

進行這個意念活動的練功者，應注意到力量向上時必須注意力量向下的反作用力，也就是上提時要注意鬆墜，鬆墜時也要注意上提，從而達到控制上下平衡均整的要求。

三法：控制整體局部平衡——貼依法。在練功中，練功者結合自身某些部位的不平衡情況，可以後背、臀部、小腿部位作向後貼依意念，即王薌齋先生所說的「如與物遇」，猶如把這些部位靠在牆板上，但仍應保持「似靠不靠，似離不離」狀態，或以練功者的胸、腹腔、小腿前部猶如向牆板上貼依，保持似貼不貼、似離不離狀態。練功者的全身力量也可進行轉移，有時可向左或向右。而在向左、向右轉移力量時，也可意想身體左右側一方與物體接觸，保持似貼不貼、似離不離狀態。

這個意念活動是在練功者的局部平衡關係和整體平衡關係不協調使用，因此，既要注意到局部的調整，也應注意到和整體的相呼應。

四法：控制鬆緊平衡——外托法。練功者由於自身條件所限，尚不能進行站式練功，為了從低度條件下調節練功者的控制平衡能力，首先應保持其精神上的放鬆後，再把練功逐步引向深入。

①、遠聽活動。練功者設定姿勢後，保持身體放鬆不緊張，然後開始向外遠聽，可以聽風吹樹葉、草動之聲，可聽鳥叫蟬鳴之聲，所聽聲音似有似無，不可追求。

②、默想優美環境活動。練功者設定姿勢後，可意想

自己平生喜好的優美環境，如早晨平靜的海洋、高山雲霧、夜晚星空、空曠草原、恬靜的園林景色，等等。練功者意想優美環境是用意識慢慢誘導深入想像，不可執著強求。有條件的練功者，直觀眼前優美景色，或聽優美緩慢音樂進行誘導。

3. 練 法

一法：姿勢一式及二式練功者，可自選配合意念活動中的一法至三法；個別情緒不穩定者，可先自選配合意念活動四法中甲、乙兩項意念活動，待情緒穩定後，再任選意念活動中的一至三法。本法初練大成拳者可使用。

二法：姿勢三式練功者，可任選用意念活動四法中的甲或乙項，待有條件站立練功時，再選用站式方法。

三法：姿勢四式練功者，可選用意念活動中的甲或乙項，待有條件後，再採用姿勢三式或一二式練功及有關意念活動。

二、動位式練功法

動位式練功法，是練功者在靜位式練功基礎上的進一步練功方法。這種練法是在大成拳中養生樁的「大動不如小動，小動不如不動，不動之動，才是生生不已之動」以及「在不動中求體會，在微動中求認識，欲動又欲止，欲止又欲動，有動乎不得不止，止乎不得不動之意」的理論指導下，尋求解決動與靜、鬆與緊、前與後、上與下的調節控制平衡關係。動位式練功法，包括姿勢、意念活動與練法三個部分。本文所介紹的姿勢與意念活動，是練動位

式功法的基本方法。練功者掌握這些方法後,對其他姿勢與意念活動,稍經指點即可掌握,本文不擬贅述。

1. 姿　勢

一式:全身直立放鬆,兩腳分開與肩同寬,兩膝自然支撐。兩臂輕鬆慢慢抬起,位於臍下部位,鬆肩,腋半虛,肘部稍屈,兩手心向下,十指分開稍屈指向前方,兩臂及雙手之間保持二尺距離。頭直,目向前方遠視,嘴微張開,全身自然不緊張。

二式:全身直立放鬆,兩腳前後呈丁八步稍息狀。兩臂及手位於身體兩側,雙手手心向前,十指分開稍屈指向左右側斜下方,肘部稍屈,鬆肩,雙手與腿兩側保持1.5尺距離。頭直,目向前方遠視,嘴微張開,全身自然不緊張。

2. 意念活動

一法:勾錯阻力法,適用於一式練功、整體移動。手指指向前方,如鋼銼銼物阻力很大,兩臂帶動雙手向回拉時,如勾杆掛物不易拉動,手往前指時意念不忘力向後行,手往回拉時不忘意向前指,由勾錯互用前後矛盾,來建立「出手如鋼銼,回手似勾竿」的全面控制平衡關係。

二法:逆風阻力法,適用於二式練功。練功者擺好姿勢,做逆風而進的意念。向前移動時,假想全身、前胸、腹部、兩手手心,均受到從迎面刮來大風力的阻擋。向後移動時,假想後背、臀部、兩手手背,猶如受到從後背刮來大風力的阻擋。雙手向前時,既注意下面的阻力感覺,又不忘後背的拽力的作用。向後動作時既注意到阻力感

覺，又不忘前面的拉力作用。由前後移動變化，而達到控制這一位置的平衡關係。

3. 練　法

一法：是姿勢一式與意念活動一法的結合。練功開始按照一式擺好姿勢後，注意把全身重心平均放在腳掌、腳跟部位，然後在全身放鬆不用力的情況下，以極緩慢速度，向前移動力量，使力量逐漸集中到腳掌部位，以不使腳跟離地為適當。接著再以緩慢速度向後轉移力量，逐漸集中到腳跟部位，以不使腳尖離地為原則。第一次前後轉移力量的動作做完後，連續進行第二次前後力量的轉移，但第二次力量從腳掌到腳跟的轉移，比第一次轉移的幅度要小。至第三、四、五次的前後力量轉移幅度，一次比一次小，至第五、六次力量前後轉移時，基本上只有自己感覺到前後力量仍在微微變化，從外形則不易觀察出來，猶如站立不動。這就達到了「神動、意動、力量動」，以及「形雖不動，意念不停，全身氣血如巨海汪洋之水，波浪橫流，有迴旋不已之勢」的要求。

觀察實作可知，進行第一次力量轉移時，從外形能明顯觀察出來，進行第五、六次力量轉移時，從外形則不易觀察出來，形同站立不動。身體重心力量前後的轉移是整體動作，而不能使上下脫節。同時兩臂及雙手也不是不動，而是隨著身體力量前後變化幅度的大小，而進行伸縮變化，並且配合意念活動。全身力量向前轉移時，除了兩臂及手進行伸縮變化外，開始使用意念活動第一法，向前轉移力量時，意想手指以上部位如鋼銼銼物；向後轉移力

量時，手指如勾竿掛物，使之有阻力感覺。儘量使銼物與勾掛物這一矛盾統一起來，形成勾中有銼，銼中有勾，勾銼互用。力量轉移變化時，應注意做到柔和、緩慢、細緻、不斷勁為適當。這種要求不可能一下達到。在全身力量變化過程中，還應注意隨時調節身體「挺拔與鬆墜」的矛盾關係，從而既達到前後的控制平衡，又兼顧了上下的控制平衡。

二法：是姿勢與意念活動二法的結合。開始練功時，按照姿勢二式擺好後，把全身力量平均放在前後兩腳上，基本上形成5：5的比例。然後全身整體力量開始向前腳轉移，使前腳力量逐步增加，後腳力量逐步漸少，達到不失重心的原則，這時前後腳力量形成9：1比例。接著再向後腳轉移力量，使後腳力量多於前腳，基本上形成9：1的比例。然後進行第二次力量轉移，第二次轉移力量，要比第一次少，基本上達到前後腳力量為8：2的比例變化。接著第三次前後腳力量為7：3的比例變化，第四次前後腳力量轉移變化為6：4的比例。進行第五、六次前後腳力量轉移變化時，稍少於6：4的比例，然後一直保持這個微小的力量轉移變化。在力量前後轉移變化中，開始時從外形可觀察出來，至第四、五次時就形成了微動，從外形就不易觀察出來，猶如不動，達到了「神動、意動、力量動」。

這時只有練功者自身才能感覺出力量的細微變化。隨著全身力量的前後變化，練功者兩臂及手也隨之呼應，進行前後微細的動作，幅度與全身動相適應，基本上與兩腿力量轉移變化相等。

從練功開始直到微動過程中，始終配合前胸、兩手手心、手背、後背等部位的逆風阻力意念活動。在進行全身力量轉移變化時，全身要放鬆，動作要保持柔和緩慢不斷勁，並注意整體的向上挺拔與向下鬆墜的矛盾統一平衡關係。這些方法初練大成拳者皆可使用。

三、輔助練功法

輔助練功法，是在進行靜位與動位式練功之前後，為了輔助練功過程中之不足，及加深練功感覺體會所進行的輔助方法。

一法：凝神靜氣法。可在練功前或練功後使用。開始時閉目，全身放鬆，兩臂與身體兩側稍分開，兩臂稍屈，手心向內似夾球狀，腋下似架拐杖，有向上提縱之意。頭稍向後仰，嘴微張開，挺胸，收腹停片刻後，再逐漸做還原動作。還原時首先要求把全身處於鬆軟狀態，再隨著放鬆的緩慢速度，自然地使身體恢復原狀。做完後以眼前明亮、心胸舒暢為正確。這些動作可反覆練習數次。

二法：起落動作法。是養生樁中試力動作的一種。開始時兩腿成丁八步，全身直立放鬆，目向前方遠視。雙手位於身體兩側，兩臂自然稍屈，雙手手心向下慢慢抬起，十指分開稍屈，兩臂比兩肩略寬，抬至肩平。然後再以極緩慢速度下落，形成與動位式練功法中的姿勢一式相同。連續反覆進行多次練習。兩手臂向上抬時，可配合用手心與地有吸引力的意念活動；兩手臂下落，可配合手背上面有繩牽扯的意念活動。進行意念活動時，要注意相反方向

意念活動的配合。在手臂向上抬進，腿部力量逐漸前移，形成前腿8後腿2的力量比例。兩手臂下落時兩腿力量轉移，形成後腿8前腿2的力量比例。

三法：步法練習是養生樁中摩擦步練法中的初步練法。開始時全身直立放鬆，目向前方遠視。雙手反背叉於腰部，兩膝自然稍屈地行走。向前的步法練習與向後的步法練習基本相同。在向前或向後進行步法練習時，以腰胯扭轉帶動兩腿自然彎曲提起，兩腳自然離地，掌握踢、淌、拔、縮的要點，有如「風捲席、履薄冰」、「舉足似貓輕」。也可以進行淌泥、淌水的意念活動，體會腳下的阻力感覺。

以上介紹的大成拳養生樁練功簡易入門法，是經先師王薌齋先生口傳心授所得。在實際應用中，證明這種方法能使練功者較快入門。由於練功者的接受能力、身體素質各異，因此，初練者應用本文介紹的方法練功時，遇到問題應及時向有經驗者請教，以免練功者對文中方法理解不夠或調配不當，而影響練功效果。

注意事項

(1)大成拳中，養生樁是要求練功者在不斷調節機體多方面的平衡關係過程中，不斷地把練功水準從低級階段推向高級階段，因此，這是個比較長的練功過程。在此時期中，練功者在感覺上，經常會出現好與壞的變化。練功者應認識到在出現好的感覺時，這只是暫時達到了控制平衡的結果，還會出現新的不平衡，還有不好的感覺在等待，還須準備再次調節。在練功時不能因一時之好而盲目

樂觀，更不能因一時之壞而悲觀失望，應有自信能力去克服重重困難，以求全功。

(2)解決鬆與緊的矛盾是練功者遇到的第一關，因此，練功者不僅要在姿勢練習中去尋求放鬆，同時，在不設姿勢的情況下，也應經常進行放鬆訓練。無論在何時何地，練功者都可把兩臂或腿部肌肉有意識用力繃緊，然後再把肌肉、力量鬆弛到最大限度。由這一鬆一緊的日常肌肉、力量訓練，能較快地突破鬆緊關。

(3)在大成拳養生樁練習過程中，對於某些練功要求，應防止有絕對的想法。一說力量向上，就全力以赴地向上，而丟掉了在向上的過程中，還應注意有鬆墜的向下作用在內；一說放鬆，就忘了還有姿勢支撐下緊的因素在內，這都是不對的。

練功時應永遠保持有控制多方平衡的概念在內。王薌齋先生諄諄囑咐練功者一定要做到「神圓、意圓、力量圓」，也就是「神不外溢，意不露形，形不破體，力不出尖」，這就是常說的「三圓」練功法。這些方法絕不是文字遊戲，而是要求練功者不僅要懂其法，還要悟其理，這樣才能達到王薌齋先生所要求的練功水準。

(4)王薌齋先生特別反對人為地控制呼吸和周天搬運法，認為人為的控制呼吸和周天搬運法，是違背人的自然生理本能的做法，會出現很多流弊，貽害無窮，因而提出「道法自然」的立論，認為每一個人的呼吸都是很自然匀暢的。如果有人突然提問：「想一想你現在是怎樣呼吸的？」只要自己一注意到呼吸，馬上就會有不自然和緊張

的感覺。王薌齋先生所謂「越注意呼吸就越不會呼吸」，道理即在於此。王薌齋先生之所以提倡自然呼吸，反對控制呼吸方法，是經過了一段實踐認識過程的。王薌齋先生在1926年所著《意拳正軌》一書中，曾提到了「練氣」、「養氣」、「周天搬運」等練功方法，那個時期，他是提倡控制呼吸方法的。但是在漫長的歲月中，王薌齋先生由親身的實踐，認識到控制呼吸和周天搬運法的謬誤不可取，於是才改變了這種方法，提倡自然呼吸法。他不惜以披露一己之失，來教育後來者少走彎路，這種實事求是對待學術的精神，值得我們學習和提倡。

(5)大成拳中養生椿的練習貴在和平日生活勞動的結合，練功者久站或坐或在某處工作時，都可以像練功那樣，自我檢查精神、肌肉、力量是否有緊張之處，發現緊張時可立即放鬆下來。這樣雖在工作環境中，也可以達到需要緊張的地方能夠集中，不需要緊張的地方就放鬆，使身體在日常工作中，經常保持有緊有鬆有勞有逸的狀態。練功者也可在肢體放鬆情況下，進行微小的位移變化。

例如：把腰椎緩慢向上伸拔或緩慢向下鬆墜；在站立時把身體重心緩慢地向前後左右進行力量移動變化，這種練功既可增強工作耐力，也可收到練功之效，這是多數練功者在實踐中證明了的。

(6)大多數人一提到「站椿」二字，就誤認為是「站立不動、猶如木椿」，這種認識是錯誤的。王薌齋先生認為，站椿即是養生又是拳術，但是它不同於一般大動作表現的拳術，而是使機體保持著極其微小細微的動作狀態，

就是達到「神動、意動、力量動」。王薌齋先生經常形容
這種「動」為「蟒蛇之動」，因此，使人很難察覺。根據
這個認識原則，王薌齋先生反對有些人錯誤地把站樁與試
力進行割裂，而認為站樁、試力是一件事，站樁是試力的
縮小，試力是站樁的擴大，兩者是有統一整體內容的。練
功者如果對此認識不清楚，則必偏離站樁練功的正軌。

(7)王薌齋先生在大成拳養生樁中特別強調練與養
的關係，提出了「練即是養，養即是練，練養養練勿過
偏」。在如何正確對待練與養的關係時提出「練功要循序
漸進，以不超過身體負擔能力為原則」，練功者每次練功
時總要「留有餘力、留有餘興」，調配則是保持練、養協
調的關鍵，提出「加強鍛鍊是為了減輕疲勞，而減輕疲勞
也正是為了加強鍛鍊」的練功原則。從這裏不難看出王薌
齋先生站樁理論、方法上的科學性，練功者只要掌握的分
寸火候適當，必能收到全效。

(8)在練功時應保持心胸開闊，最好選擇有山水、樹
木、花草空氣清新的環境。練功者不能存有幻想與僥倖心
理，一曝十寒的做法更不可取。應在實練上下工夫，更要
加強對練功學術原則的理解，這樣才能識別社會上對大成
拳中養生樁流傳各種各樣的說教，保持大成拳養生樁的純
潔性，從而使自己的練功得以正常健康的發展。

（原載《武魂》2004年第9期）

「矛盾老人」王薌齋

── 談站樁氣功的基本原則

　　王薌齋先生是我國著名的武術家、氣功家，弟子眾多，堪稱桃李滿天下。

　　他的氣功理論早在1961年11月河北省保定市召開的養生學協作會議上就得到了確認。隨著歲月的推移，站樁功法已普遍推廣。但由於某些教功者沒能真正理解站樁功法的理論原則，竟把與其相悖謬的所謂「發功、放氣」也摻雜其中，並妄稱正統，這樣就造成了認識上的混亂。

　　其實，王薌齋的醫療氣功站樁，是有其獨特練功理論原則與方法的，具有深奧的科學道理。為了使練功者能正確認識掌握站樁功法原理，特公之於眾，以免以訛傳訛。

一、站樁與控制平衡

　　站樁，就是練功者由自我練功，不斷地解決機體本身在不同時期所出現的各種不平衡，從而達到不斷提高機體本身的暫時調節與控制平衡能力。

　　王薌齋提出了「一切事物沒有絕對平衡，只要做到能控制的暫時平衡，就是達到了平衡」的理論。他稱「人之所以生病，就是身體內部臟腑、機能失去平衡所致，正如

在拳術上，人之所以能被擊出，就是破壞了被擊者的身體平衡所致。站樁為建立這種調節與控制平衡，開具了不二法門。」因此，站樁氣功在各個練功環節上，都始終如一地貫穿著調節平衡與控制平衡的內容。早年，王薌齋還提出「三圓練功法」。所謂「三圓」，即「神圓、意圓、力量圓」，要求達到「神不外溢，意不露形，形不破體，力不出尖」。這個學術思想的核心，就是要求保持「中正圓和」的平衡關係。

調節、控制平衡並不是一成不變的，而是在不斷練功中，使練功者在不斷打破原有的平衡關係過程中，去建立適應自己需要的新的平衡關係。在這個「破舊立新」的過程中，加強、提高練功能力與品質，使練功者從低級階段上升到高級階段，從而建立更完善的調節、控制平衡關係，以達到有病治病、無病健身的目的。

二、練功中的矛盾與統一

在練功過程中，不斷出現各種錯綜複雜的矛盾，如鬆與緊、動與靜、剛與柔、虛與實，上與下、前與後、左與右，等等。王薌齋把它概括為靜位式練功與動位式練功兩種。在靜位式練功中，基本上是不斷解決鬆與緊、上與下的矛盾關係，同時也不放棄在調配中對動靜、剛柔、虛實、前後、左右的注意。而動位式練功是著重解決動與靜、前與後的主要矛盾關係，但是更不能排除對鬆緊、剛柔、虛實、上下、左右矛盾的注意。

站樁氣功在要求解決鬆與緊矛盾的理論中，提出了

「鬆而不懈，緊而不僵，鬆緊互用」及「鬆即是緊，緊即是鬆，鬆緊緊鬆勿過正」，以此來解決鬆緊之間的矛盾統一關係。

在動與靜的關係中，特別強調「動靜互根」。王薌齋認為世間上沒有絕對的靜，而動卻是絕對的，因而還提出了「靜中不靜靜有動，動中不動動有靜，靜中之動是真動，動中之靜是真靜，動靜互根，錯綜為用」，從而確立站樁氣功的練功，並不是「站立不動，猶如木樁」，而是「在不動中求體會，在微動中求認識，欲動欲止，欲止欲動，有動乎不得不止之意，有止乎不得不動之意」，在保持「神動、意動、力動」當中，來實現動靜的矛盾統一關係。

對剛與柔的關係上，他提出「剛即是柔，柔即是剛，剛柔柔剛常相濟」。他認為，剛中無柔不是真剛，只是硬而已；剛中有柔才是真剛，才能百折不回。

對虛與實的關係中，他提出了「虛即是實，實即是虛，虛實實虛得中平」，其中貫穿了「虛中有實，實中有虛」變化莫測的含意在內。

另外，他對上與下、前與後、左與右的關係，也都認為不是絕對的，而是從它們的矛盾關係去分辨認識。如「欲上則有下，欲下則有上」；「挺拔中要有鬆墜、鬆墜中要有挺拔」以及上欲動，下自隨；下欲動，上自領；上下動，中間攻；中間攻，上下合；內外相連，前後左右相應之動」，這就把上下、前後、左右的矛盾關係，進行了完整、全面的說明。

　　站樁氣功在練功中所出現的多種矛盾關係，並不是同時都能解決的，而是在不同時期突出解決不同的矛盾，而鬆與緊、上與下的矛盾關係，對初練者應優先解決，因初練者「一站必緊，一緊必僵」，故要求練功者在有姿勢負擔情況下，去求得精神與肌肉的舒放，在虛靈挺拔中求得鬆墜，但並不等於放棄對動與靜、前與後等注意。

　　隨著練功的深入，相繼而來的動與靜、前與後的矛盾，上升為主要矛盾，又迫切需要加以解決，這樣就可以使練功從靜位式逐步向動位式過渡具備了條件，也就是在「靜中求動，動中取靜，動靜相兼」的練功過程中，達到機體的平衡統一。

　　對前與後的平衡關係，不僅從姿勢調配上建立，還要加強意念活動，意想「空中旗，唯風力是應；浪中魚，逆水而進」的狀態，既要注意到前面的「阻力」，也要注意到後面的「反阻力」（拽力）的作用，以此來實現控制身體的前後平衡統一，但同時也要注意鬆緊、上下多方面的練習。

　　開始練功的人，往往不理解鬆與緊的關係與調節、控制平衡之間的關係，因而對什麼是「鬆而不懈，緊而不僵，鬆緊互用」，以及「緊裏有鬆，鬆裏有緊」的理論，更是無從理解。讓他們理解鬆與緊關係的唯一辦法，就是首先知道什麼是緊，然後才能知道什麼是鬆。

　　練功者可先把局部四肢肌肉用力繃緊，以此來體會什麼是緊；再把繃緊的肌肉放鬆到最大限度，使之體會什麼是鬆，並逐步理解到在有姿勢負擔情況下，出現酸麻脹痛

部位是緊，而由調控後，排除了酸麻脹痛就是鬆，從而求得神意、肌肉、氣息的舒放，這就是「鬆而不懈，緊而不僵」。

一般初練者在自我感覺是鬆時，實際上正是緊的表現，在發現自己是緊時，往往是放鬆的開始。但是練功者在解決鬆緊這一矛盾過程中，在排除了原有緊的因素後，還會出現新的緊的因素，也需要繼續排除。故在練功中必然出現時好時壞波浪式的前進現象。在精神、氣息、意念及骨骼支撐方面，也都有鬆與緊的矛盾關係存在，在解決鬆緊矛盾的同時，也要注意動靜的矛盾關係，其目的是促進鬆緊矛盾的儘快解決。

王薌齋早年稱自己為「矛盾老人」──這體現出站樁氣功的全部學術思想的基礎，是建立不停頓的解決機體本身在不同時期，有關鬆緊、動靜、剛柔、虛實、上下、前後、左右各方面錯綜複雜矛盾關係的練功方法，從而達到調節與控制平衡的目的。

三、站樁的姿勢與意念

王薌齋的站樁氣功，絕不是單純強調姿勢練功，他的「因病設式、因人而異」，就說明姿勢在練功中的辯證關係。他認為練功不是「站立不動，猶如木樁」的「傻站」，即不是片面機械地強調練功姿勢。他在站樁氣功的理論原則中，提出了「只求神意足，不求形骸似」、「式以意變，形簡意繁」、「以形為體、以意為用」等等，其關鍵在於意之領導，以及動靜、虛實、剛柔、鬆緊、上

下、前後、左右調配適當的基本原則。

王薌齋在站樁氣功形與意的關係中提到「以形取意，以意象形，意自形生，形隨意轉，力由意發，式隨意從」等，從中可以看出，在形與意的相互配合與轉化中，意念活動是主導、是關鍵，姿勢是有機的配合。王薌齋特別反對給「姿勢設定細緻的名稱」，認為這樣會把練功者引入歧途。

王薌齋晚年，在總結他一生鑽研站樁氣功的體會後，拋棄了早年擬定的樁法名稱，只給站樁定名為「渾元樁」，對站樁的各種力總結為「渾元力」、「渾元爭力」；同時更反對片面強調姿勢練功的價值與作用。他認為站樁氣功如果丟掉了意念，就等於丟掉了靈魂，在相同的姿勢中如果配上了不同的意念活動，其練功的結果就截然不同。王薌齋對站樁與試力的相互關係，特別強調其用意統一性的重要，經常指出「練功者的一動一靜都要問個為什麼」；並明確指出「站樁和試力是一件事，站樁是試力的縮小，試力是站樁的擴大」，駁斥了那些把站樁與試力脫節或互不聯繫或毫不相干的謬誤練習方法，認為這是由於對站樁意念活動作用的不理解所致，如此下去，將會造成在練功上脫離正軌。

（原載《中華武術》1989年第7期）

王薌齋先生大成拳養生樁概論

（1980年6月6日）

前　言

　　大成拳養生樁是我國著名養生家、拳術家王薌齋先生所創治病健身方法，該功法曾在1957年北戴河氣功會議上，被確認為五種氣功之一。以後在1961年11月7日河北省保定市召開的「養生學協作會議」上，正式確認了王薌齋先生的大成拳養生樁的理論原則與練功方法，並在《中醫學術參考資料第七輯》中，作了文獻記載。現站樁氣功雖已得到推廣，但後來教功者，在練功理論與方法上，與王薌齋先生的功法原則多有悖謬，有失真諦，以致發生流弊，貽誤患者治療，亦有所見。

　　本文作者從師王薌齋先生學用站樁養生治病多年，曾隨王薌齋先生參加了1961年在保定召開的養生學協作會議，代表王薌齋先生在會議上，就站樁的學術理論原則與練功方法作了說明，發表了《我對王薌齋先生氣功療法（站樁療法）的實踐和體會》一文，該文也載入《中醫學術參考資料第七輯》的會議文獻。

　　現根據當前養生樁所存在的實際問題，特將王薌齋先生養生樁的部分學術理論原則與練功方法，正式公佈於眾，藉以排除非議，以正視聽。同時練功者也可以此正確認識、應用王薌齋先生的養生樁，作為治病健身使用，防止以訛傳訛，貽誤治療。

第一章　大成拳養生樁的概況

　　養生樁是我們祖先向疾病、災害、自然界的毒蛇猛獸競爭生存所積累下的經驗總結，早在兩千多年前的《黃帝內經》中就記載有「上古有真人者，提攜天地，把握陰陽，呼吸精氣，獨立守神，肌肉若一，故能壽蔽天地。」這是關於養生樁的最早文字論述。

　　近世以來，我國著名養生家、拳術家王薌齋先生，結合參考了洗髓易筋經、瑜伽功（柔杠）、三折功、四肢功、華佗五禽戲、八段錦、金剛十二式、羅漢十八法等各家派別的功法，以及各家拳術的養生部分，在實用中去粗取精、去偽存真，參研究討、彙集一爐，逐步創立了完整系統的站樁氣功的練功原則與方法。

　　養生樁既可治病強身，深入鑽研練習，還可以達到拳術上的防身自衛目的。

　　在練養生樁過程中，既不控制呼吸，也不意守丹田，而是強調姿勢與意念活動的配合以及鬆緊、動靜、剛柔、虛實、上下、前後、左右的多方調配，達到增強調節機體自身的控制平衡能力，也增強了人體自身的自衛能力，從而可以戰勝疾病。

　　由於人的機體不停地運動變化，因而養生樁的練功方法，也是隨著身體在不同階段的變化而變化，只是在每個

不同的時期內，使機體暫時起到了控制靜位平衡與動位平衡的作用，在不斷深入練功的基礎上，再繼續提高練功品質。因此，這種功法是在練功基本原則指導下，對不同練功者又有著不同的調配靈活性，其方法並不是一成不變的。

從醫療實踐中看，很多人在練功的作用下，增強了自我調節與控制機體平衡的能力，起到了調養精神、培育元氣、調節陰陽平衡、調和營衛氣血、舒通經絡、調節體內清濁升降作用。

因此，對一般機能性疾病如：神經衰弱、精神衰弱、癔病等；及軀體性疾病如：關節炎、外傷後遺症等；器質性疾病如：冠心病、高血壓、心臟病、肝炎、膽囊炎、腎炎及消化系統疾病等，練養生樁一時期後，都可收到較好的療效，尤其對機能性疾病，見效快而且鞏固，由於養生樁有著治病、健身的雙重效能，它可以作為廣大練功者長期使用的醫療保健方法。

第二章　大成拳養生樁的練習方法

第一節　靜位式練功法

　　靜位式練功法，是練功者全身沒有姿勢位置移動表現的狀態下，自我尋求解決鬆與緊、上與下的矛盾，從而達到控制平衡目的的練功方法，這是養生樁的初步練法。靜位式練功法中包括姿勢、意念活動、練法三個部分。

　　本文所介紹的幾種姿勢、意念活動，是練功時常用的基本方法。練功者掌握這些方法後，對其他多種姿勢、意念活動，稍經指點即可掌握，本文不擬贅述。

一、姿　勢

　　一式：全身直立放鬆，不任意亂動。兩腳分開與肩同寬，兩膝稍屈，收腹放鬆，臀部似坐。兩臂慢慢輕鬆抬起，雙手位於臍下，手心偏內向上，似托物狀，十指彎曲分開，雙手之間保持四拳距離，與身體之間保持二拳距離。鬆肩，臂半圓，腋半虛，頭直，目向前方遠視，嘴微張開，全身保持放鬆（圖1）。

　　二式：雙手手心向內，抬至胸前乳部位，與身體保持一尺以內距離，雙手之間保持二拳距離，十指分開，彎曲似抓物狀。頭直，目向前方遠視，嘴微張開，全身放鬆。其他與一式同（圖2a、圖2b）。

　　三式：端坐椅邊，身軀直立，閉目，嘴微張開，全身放鬆。兩足向後收回，足跟放鬆微離地，兩腿彎曲約40～50度。雙手位於兩腿窩位置，手心向上，十指分開，似托物狀，或兩臂抬起，手指分開，指尖向前方作推物狀，臂半圓，腋半虛（圖3a、圖3b）。

圖1　　　　　圖2a　　　　　圖2b

圖3a　　　　　圖3b

四式：身體仰臥，閉目，嘴微張開，全身放鬆。兩腿稍屈或平直分開，足跟著床。雙手重疊放於腹部或抬起，肘部著床（圖4a、4b）。

圖4a   圖4b

二、意念活動

一法：控制整體平衡——空氣游泳法

擺好姿勢後，全身直立放鬆，鬆靜自然不用力，開始意想自己是直立在溫暖水中，或假想自身周圍的空氣都是水，稍一動作或用力，就會遇到水的阻力，從整體進行體會，使全身有從四面八方與水接觸的感覺，假想全身毛髮都隨水蕩漾。這種練法即是解決練功者自身鬆緊的調配法，又是尋求解決上下、前後、左右的矛盾，達到初步控制平衡。

進行這個意念活動時，全身力量不可能是絕對的平衡，必然要出現單、雙重鬆緊的不平衡狀態，有時偏上、偏下、偏左、偏右的肌肉力量時鬆時緊，猶如受到水的衝擊產生阻力，在偏上時想到向下調整力量，在緊張時力求放鬆，餘此類推。這個意念活動在練功進行中幾乎無休

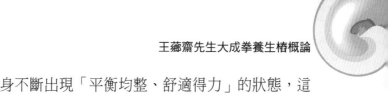

止，使全身不斷出現「平衡均整、舒適得力」的狀態，這是求得渾元力的唯一途徑。

二法：控制上下平衡——上下鬆墜法

全身直立放鬆，意想頭部髮際間有繩吊繫，腳下如踩在水中的浮板之上（猶如做划水板運動情景），頭部吊繫之力稍鬆，全身重量下沉，腳下所踩水中浮板也會受壓而下沉，因此，使頭上吊繫和腳踩浮板的意念同時進行，使雙腳處在既不離開浮板、踩也不踩沉浮板的不上不下狀態。

進行這個意念活動的練功者，應注意到力量向上時必須注意力量向下的反作用力，也就是上提時要注意鬆墜，鬆墜時也要注意上提，從而達到控制上下平衡均整的要求。

三法：控制整體局部平衡——貼依法

在練功中，練功者結合自身某些部位的不平衡情況，可從後背、臀部、小腿部位作向後貼依意念，即王薌齋先生所說的「如與物遇」，猶如把這些部位靠在牆板上，但仍應保持「似貼不貼，似離不離」狀態。

或從練功者的胸、腹、小腿前部猶如向牆板上貼依，保持「似靠不靠，似離不離」狀態；練功者的全身力量也可進行轉移，有時可向左或向右，而在向左、向右轉移力量時，也可意念身體左右側一方與物體接觸感，保持似貼不貼，似離不離狀態。

這個意念活動是在練功者的局部平衡關係和整體平衡關係不協調時使用，因此，既要注意到局部的調整，也應

注意到和整體的相呼應。

四法：控制鬆緊平衡——外托法

練功者由於自身條件所限，尚不能進行站式練功，為了從低度條件下，調節練功者的控制平衡能力，首先應保持其精神上的放鬆後，再把練功逐步引向深入。

①、遠聽活動。練功者設定姿勢後，保持身體放鬆不緊張，然後開始向外遠聽，可以聽風吹樹葉、草動之聲，可聽鳥叫蟬鳴之聲，所聽聲音似有似無，不可追求。

②、默想優美環境活動。練功者設定姿勢後，可意想自己平生喜好的優美環境如：早晨平靜的海洋、高山雲霧、夜晚星空、空曠草原、恬靜的園林景色，等等。練功者意想優美環境是用意識慢慢誘導深入想像，不可執著強求。有條件的練功者，直觀眼前優美景色，或聽優美緩慢音樂進行誘導，也未為不可。

三、練　法

一法：姿勢一式及二式練功者，可自選配合意念活動中的一法至三法；個別情緒不穩定者，可先自選配合意念活動四法中①、②兩項意念活動，待情緒穩定後，再任選意念活動中的一至三法。

二法：姿勢三式練功者，可任意選用意念活動四法中的①或②項，待有條件站立練功時，再選用站式方法。

三法：姿勢四式練功者，可選用意念活動中的①或②項，待有條件後，再採用姿勢三式或一、二式練功及有關意念活動。

第二節　動位式練功法

　　動位式練功法，是練功者在靜位式練功基礎上的進一步練功方法，這種練法是在養生椿的「大動不如小動，小動不如不動，不動之動，才是生生不已之動」以及「在不動中求體會，在微動中求認識，欲動又欲止，欲止又欲動，有動乎不得不止，止乎不得不動之意」的理論指導下，尋求解決動與靜、鬆與緊、前與後、上與下的控制平衡關係。

　　動位式練功法，包括姿勢、意念活動與練法三個部分。本文所介紹的姿勢與意念活動，是練動位式功法的基本方法。練功者掌握這些方法後，對其他姿勢與意念活動，稍經指點即可掌握，本文不擬贅述。

一、姿　勢

　　一式：全身直立放鬆，兩腳分開與肩同寬，兩膝自然支撐。兩臂輕鬆慢慢抬起，位於臍下部位，鬆肩，腋半虛，肘部稍屈，兩手手心向下，十指分開稍屈指向前方，兩臂及雙手之間，保持二尺距離。頭直，目向前方遠視，嘴微張開，全身自然不緊張（圖5）。

圖5

二式：全身直立放鬆，兩腳前後呈丁八步稍息狀。兩臂及手位於身體兩側，雙手手心向前，十指分開稍屈指向左右側斜下方，肘部稍屈，鬆肩，雙手與腿兩側保持1.5尺距離。頭直，目向前方遠視，嘴微張開，全身自然不緊張（圖6）。

圖6

二、意念活動

一法：勾錯阻力法

適用於一式練功。整體移動，手指指向前方，如鋼銼銼物阻力很大，兩臂帶動雙手向回拉時，如勾杆掛物不易拉動，手往前指時意念不忘力向後行，手往回拉時不忘意向前指，由勾錯互用前後矛盾，來建立「出手如鋼銼，回手似勾竿」的全面控制平衡關係。

二法：逆風阻力法

適用於二式練功。練功者擺好姿勢，做逆風而進的意念，向前移動時，假想全身、前胸、腹部、兩手手心，均受到從迎面刮來大風力的阻擋；向後移動時，假想後背、臀部、兩手手背，猶如受到從後背刮來大風力的阻擋。

雙手向前時，即注意正面的阻力感覺，又不忘後背拽力的作用；向後動作時，既注意到阻力感覺，又不忘前面的拉力作用，由前後移動變化，而達到控制這一位置的平

衡關係。

三、練　法

一法：是姿勢一式與意念活動一法的結合。

練功開始按照一式擺好姿勢後，注意把全身重心平均放在腳掌腳跟部位，然後在全身放鬆不用力的情況下，以極緩慢速度，向前移動力量，使力量逐漸集中到腳掌部位，以不使腳跟離地為適當；接著再以緩慢速度向後轉移力量，逐漸集中到腳跟部位，以不使腳尖離地為原則。

第一次前後轉移力量的動作做完後，連續進行第二次前後力量的轉移，但第二次力量從腳掌到腳跟的轉移，比第一次轉移的幅度要小，至第三、四、五次的前後力量轉移幅度，一次比一次小，至第五、六次力量前後轉移時，基本上只有自己感覺到前後力量仍在微微變化，從外形則不易觀察出來，猶如站立不動，這就達到了「神動、意動、力量動」，以及「形雖不動，意念不停，全身氣血如巨海汪洋之水，波浪橫流，有迴旋不已之勢」的要求。為了使練功者容易理解，現將轉移力量幅度用圖示說明。

	第一次幅度
	第二次幅度
	第三次幅度
	第四次幅度
	第五次幅度

如圖所示，進行第一次力量轉移時，從外形能明顯觀察出來，進行第五、六次力量轉移時，從外形則不易觀察

出來，形同站立不動。

身體重心力量前後的轉移是整體動作，而不能使上下脫節，同時兩臂及雙手也不是不動，而是隨著身體力量前後變化幅度的大小，而進行伸縮變化。並且配合意念活動，全身力量向前轉移時，除了兩臂及手進行伸縮變化外，開始使用意念活動第一法，向前轉移力量時，意想手指以上部位如鋼銼銼物；向後轉移力量時，手指如勾竿掛物，使之有阻力感覺，儘量使銼物與勾掛這一矛盾統一起來，形成勾中有銼，銼中有勾，勾銼互用。

力量轉移變化時，應注意做到柔和、緩慢、細緻、不斷勁為適當。這種要求不可能一下達到。

在全身力量變化過程中，還應隨時注意調整身體的「挺拔與鬆墜」的矛盾關係，從而即達到前後的控制平衡，又兼顧了上下的控制平衡。

二法：是姿勢與意念活動二法的結合。

開始練功時按照姿勢二式擺好後，把全身力量平均放在前後的兩腳上，基本上形成5：5的比例，然後全身整體力量開始向前腳轉移，使前腳力量逐步增加，後腳力量逐步漸少，達到不失重心為原則，這時前後腳力量形成9：1比例。接著再向後腳轉移力量，使後腳力量多於前腳，基本上形成9：1的比例。然後進行第二次力量轉移，第二次轉移力量，要比第一次少，基本上達到前後腳力量為8：2的比例變化。接著第三次前後腳力量為7：3的比例變化，第四次前後腳力量轉移變化為6：4的比例，進行第五、六次前後腳力量轉移變化時，稍少於6：4的比例，然後一直

保持這個微小的力量轉移變化。

在力量前後轉移變化中，開始時從外形可觀察出來，至第四、五次時就形成了微動，從外形就不易觀察出來，猶如不動，達到了「神動、意動、力量動」，這時只有練功者自身才能感覺出力量的微細變化。

隨著全身力量的前後變化，練功者兩臂及手也隨之呼應，進行前後微細的動作，幅度與全身動相適應，基本上與兩腿力量轉移變化相等，從練功開始直到微動過程中，始終配合前胸、兩手手心、手背、後背等部位的逆風阻力意念活動。

在進行全身力量轉移變化時，全身要放鬆，動作要保持柔和和緩慢不斷勁，並注意整體的向上挺拔與向下鬆墜的矛盾統一平衡關係。

第三節　輔助練功法

輔助練功法，是在進行靜位與動位式練功之前後，為了輔助練功過程中之不足，及加深練功感覺體會所進行的輔助方法。

一法：凝神靜氣法

可在練功前或練功後使用。開始時閉目，全身放鬆。兩臂與身體兩側稍分開，兩臂稍屈，手心向內似夾球狀，腋下似架拐狀，有向上提縱之意。頭稍向後仰，嘴微張開，挺胸、收腹停片刻後，再逐漸做還原動作。還原時首先要求把全身處於鬆軟狀態，再隨著放鬆的緩慢速度，自

然地使身體恢復原狀。

　　做完後以眼前明亮、心胸舒暢為正確。這些動作可反覆練習數次（圖7a、圖7b）。

圖7a　　　　　　　　　　　圖7b

二法：起落動作法

　　是養生樁中試力動作的一種。開始時兩腿成丁八步，全身直立放鬆，目向前方遠視。雙手位於身體兩側，兩臂自然稍屈，雙手手心向下慢慢抬起，十指分開稍屈，兩臂比兩肩略寬，抬至肩平，然後再以極緩慢速度下落，形成與動位式練功法中的姿勢一式相同。連續反覆進行多次

圖8

練習。

兩手臂向上抬時可配合手心與地有吸引力的意念活動，兩手臂下落時可配合手背上面有繩牽扯的意念活動。進行意念活動時，要注意相反方向意念活動的配合，在手臂向上抬時，腿部力量逐漸前移，形成前腿8後腿2的力量比例；兩手臂下落時，兩腿力量轉移，形成後腿8前腿2的力量比例（圖8）。

三法：步法練習

此養生樁中摩擦步練法中的初步練法。開始時全身直立放鬆，目向前方遠視。雙手反背叉於腰部，兩膝自然稍屈（圖9a、圖9b），行走步法（圖10）。

圖9a　　　　　圖9b　　　　　圖10

　　向前的步法練習與向後的步法練習基本相同。在向前或向後進行步法練習時，以腰胯扭轉帶動兩腿自然彎曲提起，兩腳自然離地，掌握踢、趟、拔、縮的要點，有如「風捲席、履薄冰」、「舉足似貓輕」，也可進行趟泥、趟水的意念活動，體會腳下的阻力感覺。

　　以上介紹的養生樁練功原則，是經先師王薌齋先生口傳心授所得，在實際應用中，證明這種方法能使練功者較快入門。由於練功者的接受能力，身體素質各異，因此初練者應用本文介紹方法練功時，最好先經人輔導一階段較為妥當，以免練功者對文中方法理解不夠或調配不當，而影響練功效果。

第四節　練功注意事項

　　一、養生樁要求練功者，在不斷調節機體多方面的平衡關係過程中，不斷地把練功水準從低級階段推向高級階段，因此，這是個比較長的練功過程。

　　在此時期中，練功者在感覺上，經常會出現好與壞的變化，練功者應認識到在出現好的感覺時，這只是暫時達到了控制平衡的結果，還會出現新的不平衡，還有不好的感覺在等待，還須準備再次調整。一時之壞而悲觀失望，應有自信力去克服重重困難，以求全功。

　　二、解決鬆與緊的矛盾是練功者遇到的第一關，因此，練功者不僅要在姿勢練功中去尋求放鬆，同時，在沒姿勢情況下，也應經常進行放鬆訓練。

　　無論在何時何地，練功者都可把兩臂或腿部肌肉有意

識用力繃緊，然後再把肌肉、力量鬆弛到最大限度，由這一鬆一緊的日常肌肉、力量訓練，能較快地突破鬆緊關。

三、養生樁在練功過程中，對於某些練功要求，應防止有絕對的想法，一說力量向上，就全力以赴地向上，而丟掉了在向上的過程中，還應注意有鬆墜的向下作用在內；一說放鬆，就忘了還有姿勢支撐下緊的因素在內，這都是不對的。養生樁練功時應永遠保持有控制多方面平衡的概念在內。

王薌齋先生諄諄囑咐練功者一定要做到「神圓、意圓、力量圓」，也就是「神不外溢，意不露形，形不破體，力不出尖」，這就是常說的「三圓」練功法。這些方法絕不是文字遊戲，而是要求練功者不僅要懂其法，還要悟其理，這樣才能達到王薌齋先生所要求的練功水準。

四、王薌齋先生特別反對人為的控制呼吸和周天搬運法，認為人為的控制呼吸和周天搬運法，是違背人的自然生理本能的做法，會出現很多流弊，貽害無窮，因而提出「道法自然」的立論，認為每一個人呼吸是很自然的事情，誰也沒去注意它，而呼吸很自然勻暢。如果有人突然提問：「想一想你現在是怎樣呼吸的？」只要自己一注意到呼吸，馬上就會有不自然和緊張的感覺。王薌齋先生所謂「越注意呼吸就越不會呼吸」，道理即在於此。

王薌齋先生之所以提倡自然呼吸，反對控制呼吸方法，是經過了一段實踐認識過程的。

王薌齋先生在1926年所著《意拳正軌》一書中，曾提到了「練氣」、「養氣」、「周天搬運」等練功方法，那

165

個時期他是提倡控制呼吸方法的，但是在漫長的歲月中，王薌齋先生通過親身的實踐，認識到控制呼吸和周天搬運法的謬誤不可取，於是才改變了這種方法，提倡自然呼吸法。他不惜以一己之失，而教育後來者少走彎路，這種實事求是對待學術的精神，值得我們學習和提倡。

五、養生樁的練功貴在和平日生活勞動的結合，練功者久站或坐在某處工作時，都可以像練功那樣，自我檢查精神、肌肉、力量是否有緊張之處，發現緊張時可立即放鬆下來，這樣雖在工作環境中，也可以達到需要緊張的地方能夠集中，不需要緊張的地方是放鬆的，使身體在日常工作中，經常保持有緊有鬆、有勞有逸。

練功者也可肢體在放鬆情況下，進行微小細緻的位移變化，例如：把腰椎緩慢向上伸拔或緩慢向下鬆墜，又如：在站立時把身體重心緩慢地向前後左右進行力量移動變化，這種練功既可增強工作耐力，也可收練功之效，這是多數練功者在實踐中證明了的。

六、大多數人一提到「站樁」二字，就誤認為是「站立不動，猶如木樁」，這種認識是錯誤的。

王薌齋先生認為站樁既是養生又是一種運動，但是它不同於一般大動作表現的運動，而是使機體保持著極其微小細緻的運動狀態，就是達到「神動、意動、力量動」，王薌齋先生經常形容這種「動」為「蟒蛇之動」，因此，很難使人察覺。

根據這個認識原則，王薌齋先生反對有些人錯誤地把站樁與試力進行割裂，而認為「站樁、試力是一件事，站

椿是試力的縮小，試力是站椿的擴大，兩者是有統一整體內容的」，練功者如果對此認識不清，則必偏離站椿練功的正軌。

七、王薌齋先生在養生椿中特別強調練與養的關係，提出了「練即是養，養即是練，練養養練勿過偏」；在如何正確對待練與養的關係時提出「練功要循序漸進，以不超過身體負擔能力為原則」，練功者每次練功時總要「留有餘力，留有餘興」；調配則是保持練、養協調的關鍵，提出「加強鍛鍊是為了減低疲勞，而減低疲勞也正是為了加強鍛鍊」。從這裏也不難看出王薌齋先生站椿理論、方法上的科學性。

練功者只要掌握的分寸火候適當，必能收全效；如果超過自身能力或練功不足的，都是不能收全效的。

八、在練功時應保持心胸開闊，最好選擇有山水、樹木、花草空氣清新的環境練功。練功者不能存有幻想與僥倖心理，一曝十寒的做法更不可取，應在實練上下工夫；更要加強對練功學術原則的理解，藉以識別社會上流傳各種各樣、各種說教養生椿的真偽，從而使自己的練功得以正常健康的發展。

第三章 大成拳養生樁的基本原則

　　王薌齋先生的養生樁練功原則與練功方法，雖然在1961年11月7日在保定市召開的「養生學協作會議」上得到確認，但至今卻無人把王薌齋先生的練功原則學術理論，進行系統的公開發表，因此，廣大練功群眾只能在實際練功中，得到一些感性認識，普遍感到養生樁雖好，對其學術理論原則，只知道只鱗片爪認識不清，再加上說教不一，大有無所適從之感，因而使一些人由於對養生樁學術原則的無知，竟相信養生樁是「傻站」的無稽之談。

　　為了幫助提高養生樁練功者對練功理論原則的認識水準，能夠較快地從對養生樁的感性認識上升到理性認識，現將王薌齋先生養生樁的學術理論原則，較系統地公佈於眾，使廣大練功者在練功中有所遵循。

第一節　站樁與控制平衡

　　站樁雖屬養生方法的一種，但它與一般氣功不同，有其獨特的理論與練功方法，整個站樁的練功過程，就是練功者由自我練功，不斷地解決機體本身在不同時期所出現的各種不平衡，從而達到不斷提高機體自身的暫時調節平衡與控制平衡能力。

　　王薌齋先生提出了「一切事物沒有絕對平衡，只要做

到能控制的暫時平衡，就是達到了平衡」的理論。在這個理論指導下，王薌齋先生指出「人之所以生病，就是身體內部臟腑、機能失去平衡所致，正如在拳術上，人之所以能被擊出，就是破壞了被擊者的人體平衡所致，站樁為建立這種平衡與控制平衡，開具了不二法門。」因此，養生樁在各個練功環節上，都始終如一地貫穿著調節平衡與控制平衡的內容。

王薌齋先生早年提出了「三圓練功法」，所謂「三圓」即「神圓、意圓、力量圓」，就是要求達到「神不外溢，意不露形，形不破體，力不出尖」，這個學術思想的核心就是要求保持「中正圓和」的平衡關係。

調節、控制平衡並不是一成不變的，而是在不斷練功中，練功者在不斷打破原有舊的平衡關係過程，去建立適應自己需要新的平衡關係，在這個「破舊立新」的過程中，加強、提高了練功的能力與品質，使練功者從低級階段上升到高級階段，從而建立更完善的調節、控制平衡關係，以達到練功者的「有病治病、無病健身」的目的，這就是養生樁的基本理論原則。

第二節　練功中的矛盾與統一

養生樁在練功中不斷提高調節、控制平衡的能力，是靠練功者本身在不斷練功過程中，去解決練功者自身所出現的各種錯綜複雜的矛盾關係來實現的。練功中所要解決的矛盾有鬆與緊、動與靜、剛與柔、虛與實、上與下、前與後、左與右等幾個方面。

　　王薌齋先生在養生樁的這個練功原則指導下，把練功概括為靜位式練功與動位式練功。在靜位式練功中，基本上是不斷解決鬆與緊、上與下的矛盾關係，同時也不放棄在調配中對動靜、剛柔、虛實、前後、左右的注意。而動位式練功，是著重解決動與靜、前與後的主要矛盾關係，但是更不能排除對鬆緊、剛柔、虛實、上下、左右矛盾的注意。

　　養生樁在要求解決鬆與緊矛盾的理念中，提出了「鬆而不解，緊而不僵，鬆緊互用」及「鬆即是緊，緊即是鬆，鬆緊緊鬆勿過正」，以此來指導解決鬆緊之間的矛盾統一關係。

　　王薌齋先生在動與靜的關係中，特別強調「動靜互根」，他認為「世間上沒有絕對的靜，而動卻是絕對的」，因而提出了「靜中不靜靜有動，動中不動動有靜，靜中之動是真動，動中之靜是真靜，動靜互根，錯綜為用」，在這個理念原則基礎上明確了養生樁的練功，並不是「站立不動，猶如木樁」，而是「在不動中求體會，在微動中求認識，欲動欲止、欲止欲動，有動乎不得不止之意，有止乎不得不動之意」，在保持「神動、意動、力動」當中，來實現動靜的矛盾統一關係。他對剛與柔的關係提出「剛即是柔，柔即是剛，剛柔柔剛常相濟」。

　　王薌齋先生認為，剛中無柔不是真剛，只是硬而已，剛中有柔才是真剛，才能百折不回。對虛與實的關係中提出了「虛即是實，實即是虛，虛實實虛得中平」，其中貫穿了虛中有實、實中有虛的變化莫測含意在內。

　　王薌齋先生對養生樁上與下、前與後、左與右的關係，也都認為不是絕對的，而是從它們的矛盾關係去分辨認識，如「欲上則有下，欲下則有上」、「挺拔中要有鬆墜，鬆墜中要有挺拔」，以及「上欲動，下自隨；下欲動，上自領；上下動，中間攻；中間攻上下合，內外相連，前後左右相應之動」，這就把養生樁練功中的上下、前後、左右的矛盾關係，進行了最完整最全面的說明。養生樁只有由解決多方面錯綜複雜的矛盾，才能使調節、控制平衡掌握得更完備無誤。

　　養生樁在練功中所出現的多種矛盾關係，並不是同時都能解決的，而是在不同時期突出解決不同的矛盾，而鬆與緊、上與下的矛盾關係，對初練功者來說，處於優先解決的地位，因為初練功者「一站必緊，一緊必僵」，因此，要求練功者在有姿勢負擔情況下，去求得精神與肌肉的舒放，在虛靈挺拔中求得鬆墜，但並不等於放棄對動與靜、前與後等其他方面的注意。

　　隨著練功的深入，相繼而來的動與靜、前與後的矛盾，上升為主要矛盾，又迫切需要加以解決，這樣就可以使練功從靜位式逐步向動位式過渡具備了條件，也就是在「靜中求動，動中取靜，動靜相兼」的練功過程中，達到機體的平衡統一。對前與後的平衡關係，不僅從姿勢調配上建立，和其他方面一樣都要加強意念活動，意想「空中旗，唯風力是應；浪中魚，逆水而進」的狀態，即要注意到前面的阻力，也要注意到後面的反阻力（拽力）作用，以此來實現控制身體的前後平衡統一，但同時也要注意鬆

緊、上下的多方面練習。

　　開始練養生樁的人，往往不理解鬆與緊的關係與調節、控制平衡關係的真意，因而對什麼是「鬆而不懈，緊而不僵，鬆緊互用」以及「緊裏有鬆，鬆裏有緊」的理論，更是無從理解。

　　對初練功者來說，使他們理解鬆與緊關係的唯一辦法，就是首先知道什麼是緊，然後才能知道什麼是鬆，練功者可先把局部四肢肌肉用力繃緊，以此來體會什麼是緊，再把繃緊的肌肉放鬆到最大限度，使之知道什麼是鬆。

　　練功中使練功者理解到在有姿勢負擔情況下，出現酸麻脹痛部位是緊，而由調配調整後，排除了酸麻脹痛就是鬆，其中當然包含了有姿勢負擔就有緊的因素，也包含了排除酸麻脹痛就有鬆的因素，從而理解了在有姿勢負擔緊的情況下，求得神意、肌肉、氣息的舒放，這就是「鬆而不懈，緊而不僵」。

　　一般初練功者在自我感覺是鬆時，實際上正是緊的表現，在發現自己是緊時，往往是放鬆的開始。但是練功者在解決鬆緊這一矛盾過程中，在排除了原有緊的因素後，還會出現新的緊的因素，還要繼續排除，在練功中必然出現時好時壞波浪式前進現象。

　　養生樁練功中除了肌肉的鬆緊變化外，在精神、氣息、意念、骨骼支撐方面，也都有鬆與緊的矛盾關係存在。對初練者來說，在解決鬆緊矛盾時，也還要結合注意動靜的矛盾關係，其目的是促進鬆緊矛盾的儘快解決。

　　由此可見，王薌齋先生早年稱自己為矛盾老人，這一稱號體現出養生樁的全部學術思想的基礎，就是建立不停頓的解決機體本身在不同時期，有關鬆緊、動靜、剛柔、虛實、上下、前後、左右各方面錯綜複雜矛盾關係的練功方法，從而達到調節與控制平衡的目的。

　　在這些關係中，它又是互相聯繫、互為因果，不停地解決，永無休止，如果片面、靜止地看待這些方面的關係，或對平衡有一勞永逸的認識，或認為站樁氣功的練功是「不動如木樁」是「傻站」，都是錯誤的。如果不能從王薌齋先生——矛盾老人的這些核心學術思想上，正確地理解養生樁，當然也就達不到養生樁的真正練功目的。

第三節　站樁的姿勢與意念

　　王薌齋先生的養生樁，絕不是單純強調姿勢練功。如果單就姿勢而論，根據不同的需要，可以擺設出百十種姿勢。王薌齋先生所謂「因病設式、因人而異」，就說明了姿勢在練功中的辯證關係。根據養生樁的學術思想基礎，明確了養生樁是在練功不斷地解決機體錯綜複雜的矛盾關係中，達到調節、控制機體平衡目的，這即明確了養生樁的練功不是「站立不動，猶如木樁」的「傻站」，也說明了養生樁並不是片面機械地強調姿勢練功。

　　王薌齋先生在養生樁的理論原則中，提出了「只求形意足，不求形骸似」、「式以意變，形簡意繁」、「以形為體，以意為用」，都是指出了站樁氣功並不在於姿勢之繁簡，是否優美及先後次序，而關鍵在於「意之領導」及

動靜、虛實、剛柔、鬆緊、上下、前後、左右調配適當的基本原則。

王薌齋先生在養生樁的形與意二者關係中，提到「以形取意，以意象形，意自形生，形隨意轉，力由意發，式隨意從」，可以看出在形與意二者的相互配合與轉化中，意念活動是主導、是關鍵，姿勢是有機的配合，在養生樁練功時，應把意念活動與姿勢看做是互相聯繫，互相協作，分清主次的統一體。

王薌齋先生特別反對給姿勢設定細緻的名稱，認為這樣會把練功者引入歧途，所以王薌齋先生晚年，在總結了他一生鑽研養生樁的經驗體會後，拋棄了一些樁法名稱，只給站樁定名為「渾元樁」，對站樁的各種力總結為「渾元力」、「渾元爭力」，同時更反對片面強調姿勢練功的價值與作用，他認為養生樁如果丟掉了意念就等於丟掉了靈魂，在相同的姿勢中如果配上了不同的意念活動，其練功的結果就截然不同。

王薌齋先生對站樁與試力的相互關係，特別強調其用意統一性的重要，經常指出「練功者的一動一靜都要問個為什麼」，並明確指出「站樁和試力是一件事，站樁是試力的縮小，試力是站樁的擴大」，駁斥了那些把站樁與試力脫節、互不聯繫、毫不相干的謬誤練習方法，認為「這是由於對站樁意念活動作用的不理解，將會造成在練功上脫離正軌。」

第四章　大成拳養生樁的中醫治療機制分析

養生樁屬於中國醫學中的治病強身方法，在《黃帝內經・素問篇》就有「獨立守神、肌肉若一」的文獻記載。中醫認為人之所以致病，多是由於傷神、陰陽失衡、元氣不足、氣血滯塞、經絡不通、清濁相混、營衛不和等原因造成的。而站樁氣功可以在練功的作用下，來緩解、消除這些致病原因，長期堅持練功不僅治病，還可以健身。

站樁氣功為什麼能治病健身，現根據中醫治療機制理論加以分析。

第一節　站樁的調養精神功能

對初練養生樁的人，設定姿勢後，一般不給予複雜的意念活動，而是要求「凝神遠視，望遠收近，周身放鬆，默聽風吹樹葉響動，鳥叫蟬鳴；默想開闊景象，優美風景，以及配合調息活動」等等，以此保持練功者思想單一、情緒穩定。在這種練功作用下，患者的精神、氣息、全身肌肉逐步得到放鬆，由於這種良性意念誘導的結果，從而使患者的精神得到充分休息和調整。

中醫認為神是人身之主宰，與精、氣有著互相牽制互為因果的關係。所謂「神役氣，氣役精，聚精生氣，聚氣生神」，就表達出了這種關係的內在聯繫。

正常人的精、氣、神都是旺盛的，如果受某些因素例如「七情傷內」的影響而傷神以後，就可能使精與氣正常的平衡關係遭受破壞，因而致病。但是神與內臟又有著密切關係，《內經・靈蘭秘典》中說：「主明則下安，以之養生則壽。主不明則十二官危，使道閉塞而不通，形乃大傷。」可以看出「主明」則身體健康，「主不明」則疾病纏身，因此，這對維繫人體正常平衡關係，保持健康長壽至關重要。

大多數練功者在練養生樁過程中，不斷出現頭腦清醒、眼前明亮、精力充沛、神清氣爽、全身輕鬆舒適等反應，都說明了養生樁的調養精神功能，可使由於「七情內傷」原因造成的委靡不振等患者，在練養生樁的作用下，逐漸充滿了自信心和樂觀情緒，而使疾病逐步痊癒。

第二節　站樁的培育元氣功能

養生樁不主張控制呼吸，但練功到一定程度後，呼吸就會自然轉慢、深度增加，進入慢、深、細、勻的「綿綿若存、似有似無」的呼吸狀態。此時全身如醉如癡，極為舒適。《崔公入藥鏡》一書形容這種狀態為「先天氣、後天氣，得之者，常似醉」，這就是在練養生樁中培育了元氣。

中醫認為元氣是人的生命之本，一個人的體質強弱，往往取決於元氣是否充實，元氣壯旺的人雖逾古稀之年，也能健康長壽；元氣衰微的人即使是年少，也能多病夭折，這是任何人都不可脫離的自然法則。所以自古以來，

所有練功養生家們，都把練功培育元氣，看做是練功的重要目標。對如何培育元氣方法各家各派說法不一，王薌齋先生總結了他一生的實踐經驗認為：養生樁培育元氣的方法，應該是在不違背人體自然生理條件下進行自然呼吸，也就是在有意無意之間，不偏於「跡象」的前提下來達到的，這也符合中醫《內經‧四氣調神篇》所說「使志若伏若匿，叵若有私意，若已有得」的醫理，因此，練功者進行呼吸時應是勿忘勿助長，不應強行追求；如果強求則是偏於「跡象」，必然造成心理上的緊張。由很多實例看到，患者控制呼吸造成難以糾正的後果。

養生樁正是遵循了中醫的科學理論，指出了「越注意呼吸就越不會呼吸」是實事求是的。養生樁雖不控制呼吸，但在練功作用下，到一定程度時，練功者自我感到底氣充足，精力旺盛，筋骨肌肉格外結實，這時百病也就自然消失。養生樁練功者是否達到了元氣充實的壯旺，還可用「試聲」方法鑒定，若練功者發聲如「撞鐘幽谷」，聲雖洪亮但口內並無氣外出，形成了「聲由內轉，氣由內喚」的境界，有此能力的練功者，證明已收到了「元氣充實壯旺」身體健康的實效。

第三節　站樁的調節陰陽平衡功能

養生樁練到一定時期後，練功者就會出現「全身高度舒適感，神情豪放，精神爽朗」，如「空靈口袋，浮於太空之中」，經常保持有「欣欣之意」的感覺，這就是練功家們稱謂的「水火濟濟」。而中醫則認為這是心腎交感的

表現。

心主降，腎主升，由於在養生樁練功作用下，使心腎一升一降，保持良好的相互交感過程，使陰陽得以正常相維繫，形成了練功治病健身的根基。正常人的心腎交感過程是正常的，如果心腎交感失之於常態，陰陽就不能很好地維繫，出現陰盛則陽衰、陽盛則陰衰的病象，如果這一病象長期得不到改變，可使「陰陽離絕」而致死亡，《內經》中的「陰平陽秘精神乃至，陰陽離絕精氣乃絕」，說明了人體陰陽失衡的後果。

養生樁練功者在練功中，要長期保持精神、肌肉、氣息的放鬆狀態，這樣就維繫了心與腎升降相互交感過程，使之趨於正常，促進了人體的陰陽逐步保持正常的平衡，而改變了因疾病形成的症狀，所以，我們看到很多高血壓、神經衰弱患者，表現出的陰陽失衡症狀，經由練養生樁一段時間以後，病情好轉，症狀消失，身體逐漸健康，能夠恢復旺盛的精力去工作和生活。

第四節　站樁的調和營衛氣血舒通經絡的功能

養生樁練功時根據練功者的體質情況，需要擺設一定姿勢，在有姿勢負擔條件下，力求肌肉放鬆，使肌肉處在「鬆而不懈，緊而不僵」的一種特殊活動狀態。練功時還要以意念活動引導練功者在「不動中求體會，在微動中求認識，欲動欲止，欲止欲動」，保持有「動乎不得不止，止乎不得不動」的鼓蕩感受，並適宜地配合鬆緊、動靜、剛柔、虛實、上下、前後、左右的整體調配。練功者如能

長期堅持這種練習方法，就可以促進人體的營衛、經絡、氣血的病象得以根本改善。

中醫認為，人體各個部位得以保持平衡，與營衛、氣血、經絡之通暢有關。沒有病的人，其營衛、經絡、氣血是通達運行無阻，而某些部位之所以出現疼痛，就是由於經絡氣血運行受阻所致，正如中醫所說的「通則不痛，痛則不通」，就是這個道理。如果人體營衛、經絡、氣血運行受阻的病象得不到改變，就會造成「氣痹難通」，「水漿不入、形體不仁」，甚至「精氣弛壞，神去而不可複收」，而無法救藥。

從中醫理論上分析，營衛之間、營衛經絡氣血之間，都存在有互為因果的關係，所謂「營行脈中、衛行脈外」表達出了營衛間的關係。營衛調和與經絡氣血的運行通暢也有關聯，反之經絡氣血的通達又可促進營衛的調和，因此，營衛氣血經絡之間是有多方內在聯繫的。

對養生樁練功者的臨床觀察可以看到，大多數練功者在練功期內出現全身微汗、氣貫全身、手腳發熱、全身或局部顫動、膨脹或伸長縮短感、肢體喪失感、動作阻力感、以及某些陳舊性外傷病灶區疼痛感、刺癢皮下蟻走感，有些關節炎患者的病灶區出現「出涼汗、冒涼風」等感覺，此即王薌齋先生所謂練功促使「全身氣血如巨海汪洋之水，波浪橫流，有迴旋不已之勢」的良好反應。

中醫認為，這些反應都是在養生樁的練功作用下，營衛經絡氣血得到調整與改善的表現，營衛和則腠理開，才能很好地排出汗液，「氣為血帥」，血通則氣必先通，氣

血通達練功者才會出現「氣行」及「動熱」等反應。氣血通則經絡通，經絡通則臟腑得以保持平衡穩定，即如中醫《金匱要略》一書中所謂「營衛相得，其氣乃行，大氣一轉，其氣乃散」的論點，與養生樁的上述反應正相吻合。

第五節　站樁的調節清濁升降功能

養生樁要求練功者經常保持「在鬆靜中求挺拔，在運動中求舒放」的虛靈挺拔狀態，同時在練功過程中，又不斷注意調整人體的上下、前後、左右的平衡關係，並配合適宜的意念活動，以此來促進人體的清濁升降正常運轉。

中醫認為，正常人體內保持著「清邪中上、濁邪中下」的平衡狀態，如果清陽之氣不升、濁邪之氣不降，則必生病象，有些消化系統疾病患者的致病原因，多出於此。這些病象長期得不到改善，清濁相混不得分明，則會導致「氣滯血瘀、水穀不化」，甚至使經絡臟腑失調，凶危立見。

古代養生家們也普遍注意到人體的清濁升降變化規律，中醫更從理論上說明了「肝主升，膽主降，脾主升，胃主降」的表現，認為人體的清濁升降分明，其人必能長壽延年。喻嘉言在《醫門法律》一書中，就中醫的這一理論指出：「善養生者，俾賁門之氣傳入幽門，幽門之氣傳二陰之竅而出，乃不為害」的養生之道。

練養生樁時，大多數患者都會出現腹鳴、打嗝、出虛恭、食慾增加、大便通暢、身體輕健、神情愉快等反應，這就是在站樁練功作用下，改善、增強了人體內的清濁升

降功能，從而起到了醫療保健作用。

　　綜上所述，養生樁之治療機制，就在於由練功者的自我鍛鍊，與外部的適當調配，以此提高機體自身各方面的調節、控制平衡能力，從而增強機體自身的自衛、免疫能力，不斷提高身體的素質，加強人體抗衰老功能，可以有病治病，無病健身，達到益壽延年的效果。

第五章　大成拳養生樁的練功綱要、歌訣與詩詞

養生樁的練功綱要、歌訣與詩詞，是作者於1960年寫成，當時定名為《薌師日語隨筆》，曾經王薌齋先生親自審閱訂正認可，並由親朋好友多人借閱傳抄，在1976年始由養生樁愛好者將當時公佈的部分內容定名為《意拳要點》刊印成冊，在社會上廣為流傳，並傳至香港及海外。

本文中的練功綱要部分，僅係作者從《隨筆》中為適合廣大練功者的實際需要，做的部分摘錄，並非《隨筆》全部，特加以說明。

第一節　練功綱要

1. 世間的一切事物沒有絕對的平衡，只要做到能控制的暫時平衡，就是達到了平衡。

2. 人之所以生病，就是身體內部臟腑機能失去平衡所致。正如在拳術上，人之所以能被擊出，就是破壞了被擊者的人體平衡所致。站樁為建立這種調節與控制平衡，開具了不二法門。

3. 以形為體，以意為用，以靜為和。

4. 勢以意變，形簡意繁，以精神內領為主。

5. 只求神意足，不求形骸似。

6. 以形取意，以意象形，意自形生，形隨意轉，力

由意發，勢隨意從。

7. 神不外溢，意不露形，形不破體，力不出尖。

8. 神動、意動、力量動，神圓、意圓、力量圓，永遠保持中正圓和，要在十字上下工夫。

9. 不上、不下、不前、不後、不左、不右謂之中，守中用中，不失中線、不失中神、不失中意、不失中力，欲上則下、欲下則上、欲前則後、欲後則前、欲左則右、欲右則左，上下前後左右渾元為一體。

10. 虛靈守默而應萬物，內空虛而外脫化，隨時注意遍體輕靈。

11. 鬆而不懈，緊而不僵。

12. 鬆即是緊，緊即是鬆，鬆緊緊鬆勿過正。

13. 動即是靜，靜即是動，動靜靜動互根用。

14. 虛即是實，實即是虛，虛實實虛得中平。

15. 剛即是柔，柔即是剛，剛柔柔剛常相濟。

16. 靜中求動，動中取靜；靜中不靜靜有動，動中不動動有靜；靜中之動是真動，動中之靜是真靜；動靜互根，錯綜為用。

17. 練功者的一動一靜都要問個為什麼，動時不要散了不動時力量之均整，不動時不要減低動時的力量，其作用之巧妙，從體會而得知。大動不如小動，小動不如不動，不動之動，才是生生不已之動。

18. 上欲動，下自隨；下欲動，上自領，上下動，中間攻；中間攻，上下合；內外相連，前後左右相應之動。

19. 站椿和試力是一件事，站椿是試力的縮小，試力

是站樁的擴大，捨此而它求，難得樁法之真髓。

20. 身雖不動意念不停，使精神氣血，如巨海汪洋之水，波浪橫流，有迴旋不已之勢。

21. 在鬆靜中求挺拔，在運動中求舒放，寂靜調息，內外溫養，內輕鬆而外脫化，由動靜而接近神明，使氣血肌肉處於氤氳太和之中生生不已，蓄靈雖動，仍須保持靜中原狀，神動得自有象外，意存妙在無念中。

22. 四體百骸大小關節，手足膝胯都是不期然而至，莫知至而至，五臟之內亦有配合，永遠保持神動、意動、力量動，此之所謂活力如蟒蛇游泳相似。

23. 養生與鍛鍊（拳術）雖出一氣之源，然在虛實動靜、有形無形之間，相距懸殊。

24. 養生原理是神經穩定，內在舒適，虛靈守默而應萬變，大致是神好靜而意分擾，意性本定，而欲來亂，都是虛象，應是對境忘境，不墮於庸俗愚昧；居塵出塵，免沉於得失憂患萬緣之中。

25. 加強鍛鍊是為了減低疲勞，減低疲勞是為了加強鍛鍊。

26. 練即是養、養即是練，練養養練勿過偏。

27. 每次練功都以不超過自身負擔能力為原則，使每次練功都留有餘力、留有餘興。

28. 綿綿若存，似有似無，身在洪爐大冶中，無物不包容。

29. 練功時不可有執著心，從虛無中求實際，不可著象，著象即非真。

30. 舒適從緩中，以應萬物窮，運動時保持渾圓，渾圓為一，動作為一，不可拘於形式執著，一法不立、無法不備。

31. 練功時擺好姿勢，意念放大，先由頭部開始，逐漸使毛孔放鬆，全身毛孔有過堂風之感，然後左右伸展，挺拔項部肌肉使之起變化，要達到虛靈守默、身體悠揚、毛髮如戟之感。

32. 初練功宜遠看，靜觀宇宙，默會全機，覺得有懶惰心靜，再將全身舒放，身形中正，腹內空虛，悠然蕩然如浮太空之中。

33. 練功時不在於姿勢如何，也不在於式之繁簡，更不在於次序先後，要在精神支配虛實大意，以達舒適得力為止。

34. 清除雜念之法應取吸收之法，不可拒之，練者應比己身如烘爐大冶，雜念猶如枯葉飛雪來者自熔，使心胸開闊，膽氣壯大，正氣一勝邪念自負，猶如烈日高懸，霧露自散。

第二節　練功歌訣

站樁時，莫發急，先找個適宜場地，要有花草樹木新鮮空氣，有山有水更相宜。閉目凝神去站立，頭直、目正、神莊、聲要靜，兩足分開與肩齊。兩手輕鬆慢慢抬起，高不過眉，低稍過臍，臂半圓、腋半虛，左手不往鼻右來，右手不往鼻左去，往懷抱，不粘身，向外推，不逾尺，雙手變化在範圍裏。兩腿也可成斜步，手分左右如嬉

水，前後動盪有阻力，身軀直立要放鬆，鬆而不懈，緊而不僵，整體局部不用力，鬆、靜、動、養要兼顧，關節含有似曲非直意，欲笑不笑出，欲尿不外滴，不計較姿勢好壞先後次序，只求做到平衡均整舒適得力。守平庸，莫好奇，非常都是極平易，意念活動為主導，姿勢鍛鍊是根基，風中旗，浪中魚，風、水都可作為假借力。神情要豪放，悠揚又相依，海闊天空滌萬慮。不呆板、不拘泥，隨時隨地都有練功意，行、站、坐、臥都可練習，自有想不到的奇跡。

初練功，困難多，鬆緊變化無捉摸，進退好壞相交織，情緒起伏有波折，在此時，切莫急，堅強意志不能移，體質增強自有控制平衡力，精力充滿神意自不疲，只要專心練到底，去病強身沒問題。

第三節　練功詩詞

一首（此為初練者掌握放鬆時參考）

　　脫肩鬆臂懶束腰，神情意力似黏糕，

　　一切知感全不要，靜室長鬚赤條條。

二首（本文作者喜好中醫學術，王薌齋先生於1961年農曆十月初九日，在家即興作詩一首相贈，以資鼓勵）

　　養生別開面目新，筋含勁力骨存神。

　　靜如伏豹橫空立，動似騰蛟挾浪奔。

　　吐納靈源合宇宙，喊聲叱吒走風雲。

　　不知素問千年後，打破樊籬更多人。

三首（此為掌握鬆靜動養練法時參考）

渾身肌肉掛青霄，毛髮根根暖風搖。

慧眼默察三千客，凝耳息聽二八嬌。

滄海飛波游龍戲，流雲吐月紫兔嚎。

無窮假借無窮象，早欲蓬壺踏六鰲。

四首（此為假借外力時參考）

眼底手腕都留痕，直取旋繞力橫撐，

矛盾錯綜須統一，精神樑桿要伸長。

五首（此為一般站樁時參考）

不動如山嶽，南指如陰陽，

不窮如天地，充實如太蒼。

六首（此為掌握意念活動時參考）

站樁從來不喜平，養生自古貴平庸，

神動得自有象外，意存妙在無念中。

七首（此為精神放鬆時參考）

大肚能容，了卻人間多少事，

滿腔歡喜，笑開天下古今愁。

八首（此為練習舞蹈時參考）

身動揮浪舞，意力水面行，

游龍白鶴戲，含笑似蛇驚，
肌肉含動力，神存骨起棱，
風雲吐華月，豪氣貫日虹。

九首（此為站樁實戰試力時參考）
力光閃，捲枯葉，驚嚇天涯鳥飛絕，
裹纏橫繞雲龍蛇，光芒無限力如鐵，
手握提按斜撐錯，足踏泥凝半尺雪，
雷電交加輕也重，眼底心頭掃鯨穴。

十首（此為站樁練舞試力時參考）
精貧出豪舉，得聞慷慨聲，大氣包寰宇，揮浪捲溯
風，吳鉤運起吞長虹，發聲喊，海洋谷應，舞龍象，飛似
梨花影。賦長歌，整備山河定，七尺軀，任縱橫，渾一似
山崩潮湧，頓開金鎖走蛟龍，打破樊籬舞。

以上練功綱要、歌訣與詩詞，均係作者親聆王薌齋先
生講解或作文字校閱後認可，為防止傳抄者以訛傳訛，此
次由筆者親自公佈《隨筆》部分內容，完全真實可靠，希
望訛傳者能以此為更正標準。

第六章　大成拳養生樁的部分醫療實效說明

　　北醫第一附屬醫院精神病學教研組神經衰弱小組，從1960年開始至1965年間，使用王薌齋先生的養生樁給很多神經衰弱患者治療，收到了比較滿意的療效，並對一些患者在參加養生樁治療過程中及治療以後，進行了臨床及實驗室觀察。

一、臨床觀察

　　患者在練站樁氣功時出汗多、唾液分泌多，打嗝、虛恭、腸蠕動增加，自覺情緒穩定、頭腦清楚、精神舒服；同時在治療過程中，患者的失眠、食慾不振、煩躁不安、精神不振、注意力不集中等症狀，有所好轉或消失。

二、實驗室觀察

　　包括腦電圖、呼吸心率、嗜酸性白血球計數、血常規等檢查結果如下：

　　腦電圖檢查20人次，在站樁時85％患者出現慢波或指數減少，表現輕度抑制現象，一個人做兩次檢查都表現指數增多，一人無明顯變化。腦電圖改變由站樁5～30分鐘開始出現，大部分在站樁治療停止後，即恢復原有節律。

　　呼吸心率也檢查20人次，站樁時與腦電圖同時在紙上

描記，心率變化絕大多數在站樁後加快，一般多為逐漸加快，故患者不感覺心跳心慌，增加次數為10～40次/分，呼吸變化有兩種情況，久站樁者（能站一小時左右），呼吸漸變深而慢的腹式呼吸，最少可自然調節7次/分，但練站樁不久者（一個月以內，只站30分鐘以內），則呼吸變化不大。

嗜酸性白血球計數檢查13人次，12人次在站樁後都有增加，約增加44～88/立方毫米，有一人第一次檢查未增加（此時只練了三天），又一週後檢查也有增加。

血常規檢查13人次，紅血球在站樁後約增加13～42萬，白血球增加2,000～6,000（站樁前白血球計數，大部分都在8,000以下，站樁後絕大部分增加到8 000以上），白血球分類變化不明顯。

從上面的這些結果推測站樁的治療機制。神經衰弱的病理變化，目前認為是大腦皮質抑制與興奮過程失調，以及皮質下植物神經機能失調，所以，認為治療機制可能有下列幾點：

1. 大腦皮質內抑制的過程增強，一方面從臨床上患者睡眠改善、注意力集中、情緒穩定、頭腦清楚等，另一方面從腦電圖在站樁時出現輕度抑制現象，都可證明大腦皮質內抑制過程加強，由於內抑制過程的不斷增強（這是一種保護性的抑制）促進了大腦機能的恢復。

2. 同時由於站樁時四肢肌肉保持一定姿勢的緊張度，因此，由肌肉及關節的內感覺器，不斷將這種有節律的衝動傳入大腦且不斷強化，促進機體戰勝疾病機能，也

起一定作用。

皮質下植物神經機能的平衡，一方面是由大腦皮質機能的恢復，而影響其對皮質下機能的正常調節，另一方面可能直接調動了皮質下植物神經機能的作用，從臨床及實驗室觀察中可見到，交感神經機能之一部分是處在興奮狀態，如心率加速、出汗多等，副交感神經也有一部分處在興奮狀態，如呼吸變慢、唾液分泌增加、打嗝、腸鳴等，胃腸機能興奮，使消化機能改善，食慾食量增加。關於白血球計數的增加，是否可說明機體自衛能力的增強，尚不敢斷言。

4. 站樁是一種運動，是一種肌肉保持持續性緊張的運動，所以由不斷鍛鍊，達到增強體質的作用，有病則治病，無病則強身。

總之，養生樁之作用機制，不是單純由於入靜所產生的保護性抑制所致，因當時之機體不完全處在抑制（靜）的狀態，皮質下植物神經及肌肉是處在興奮（動）的狀態，而且腦皮質本身也只是不完全的輕度抑制狀態，所以是「靜中有動、動中有靜、動靜結合」的狀態，這不僅由於大腦皮質的抑制作用，而且還調動了皮質下植物神經的機能，才能使疾病得到治療。

北醫第一附屬醫院精神病學教研組神衰小組，於1965年間在精神科門診，用養生樁對一部分神經官能症患者進行了對照組試驗，對一部分患者使用藥物治療，而對另一部分患者使用站樁氣功治療，只給少量安慰劑，結果二者療效相同，證實了養生樁的醫療作用。

此外，北京的其他醫療單位，對一些高血壓、冠心病、心臟病、肝炎、腎炎、關節炎、頸椎病、腰椎病、前列腺炎、盆腔炎等患者，使用養生樁治療，也收到了滿意療效，肯定了養生樁的醫療保健作用。

當然，以上實驗研究只是初步，還有待於繼續深入研究整理，才可使科研成果不斷深化。王薌齋先生在中山公園用養生樁治癒患者很多，其治癒病歷均在筆者處保存可參考。

編後語

　　本文內容綜合了王薌齋先生養生樁的有關精華實用部分，經過作者加工整理、彙集成冊，為了繼承發揚養生樁，便於廣大練功者掌握運用，文中所載某些練功原則、方法，是作者以誠相見，首次公佈於眾，可以滿足養生功學者、練功者的需要。

　　有關王薌齋先生的養生樁拳術部分，本文未予涉及，已由王薌齋先生的門徒專著發表。

　　王薌齋先生以畢生之心血，不僅在研究養生、拳術方面有所建樹，而在文藝方面，還研究創立了一套動作優美的舞蹈，有白鶴舞、驚蛇舞、游龍舞、揮浪舞又稱大氣舞四種，就以其中的白鶴舞即有四法：展翅、凌空、翱翔、鬥鶴。表演起來栩栩如生，配合古典樂曲進行表演則更添風采。

　　王薌齋先生門徒眾多，據先生講門徒中對其舞蹈梗概鮮有知者。王先生也曾說過，練習舞蹈首先需要有站樁功之功力，還要有適合體型和一定程度的文化修養，把精神氣質表現在形體之上，才能表現出動作悠揚而具有舞蹈的魅力。1961年11月7日王薌齋先生曾在保定市「養生學協作會議」上，即興表演了驚蛇舞包括驚蛇遇敵等動作，神采奕奕，博得全體與會者的喝彩。練習舞蹈既可陶冶性情，又可抒發感情，而且有益於身心健康。

　　王薌齋先生除創立大成拳養生樁及拳術外，所創立既帶有藝術價值又有醫療保健作用的舞蹈，堪稱是對人類社會的又一大貢獻，可惜，舞蹈之大部已成絕技。

　　王薌齋先生學術淵博，為人謙謹，所創養生樁內容深奧，作者雖受業多年，但由於聰明才智所限，雖想竭盡全力闡述發揮，仍難免有掛一漏萬之處，尚請廣大讀者原諒賜教。

王薌齋先生到保定工作的前後

1959年下半年之前，薌齋先生一直在北京中山公園教練站樁功，以治病救人為主。當時先生住在西四兵馬司山門胡同13號，此期間從未離開過北京，有仍在世的於永年、龐桂林及薌齋先生在所教站樁功患者全部病歷上的治療情況親筆批註、日期可證。

1959年下半年開始，由於當時西城區體委通知薌齋先生「凡在公園內教功者，必須經過體委的考核批准，才視為合法」的規定，而當時負責考核的考官為胡某，因胡某曾向先生學過站樁功，後因雙方關係不睦而離去，有鑒於此，薌齋先生未去參加考核，等於自動放棄在公園教功的資格。

1960年春，《北京中醫月刊》雜誌總編輯董德懋先生推薦，請薌齋先生到廣安門北京中醫研究院內外科研究所傳授站樁功，每月工資100元。開始時帶了筆者等二人前去開關開作。當時院方配備人員為楊益宏、趙光二人。筆者因工作關係不能久留，最後由李見宇一人幫助先生工作。直到1961年春，北京中醫研究院突然決定，給薌齋先生拍24張站樁功姿勢照片後，將薌齋先生辭退，單獨留用李見宇一人在該院教站樁功。從此薌齋先生獨居家中，身體經常不太舒適，很少外出。

　　1961年下半年，適有河北省衛生廳前任廳長，時任保定河北省中醫研究院院長兼河北中醫醫院院長段慧軒同志（與我家是世交）及副廳長（負責衛生廳人事工作）丁一先生到我家中，我順便提起薌齋先生當時的處境，段、丁兩位領導瞭解薌齋先生的才華，深表同情，有意請薌齋先生到保定河北中醫研究院傳授站樁功。

　　後來我徵得薌齋先生同意後，轉達給段、丁二位領導，他們按組織用人的原則，以河北衛生廳、中醫研究院的名義進行了兩項工作：

　　一、首先到北京中醫研究院組織科，瞭解該院任用薌齋先生的情況。據當時組織科趙（金聲）科長談：對薌齋先生的使用，係按臨時人員請來的，故未進行調檔、審檔，直到辭退。

　　二、段、丁二位領導有意正式使用薌齋先生工作，所以履行了調檔、審檔手續，由丁一廳長以省衛生廳名義委託了北京中央商業部人事局長吳建中，協助審閱了薌齋先生的人事檔案，審檔結果送到了省衛生廳，轉送到河北中醫研究院，最後決定臨時任用薌齋先生到保定河北中醫研究院，傳授站樁功。1961年9月，薌齋先生到了保定河北中醫研究院工作，工資每月120元。省中醫研究院組織決定派段廳長的秘書鄭文為主，另指派一名醫生吳振法跟隨薌齋先生工作。此間，北京中醫研究院也指派了醫生焦國瑞跟隨薌齋先生實習半年。因此，薌齋先生到保定工作，完全屬於組織行為，絕非是先生的個人行為去保定講學、傳功、收徒，二者不能混為一談。

　　薌齋先生到保定後，1961年11月，河北中醫研究院經過組織報批手續，在省衛生廳當時的常廳長參加下，在保定的河北飯店召開了全省「養生學協作研究會」。薌齋先生作為站樁功法代表，指定了筆者及于永年大夫協同薌齋先生參加了該會的全部會議，由筆者代表薌齋先生在會上發言（有省中醫研究院參加會議的正式邀請函可證），會後省中醫研究院出版了一本《中醫學術參考資料第七輯》會議記錄文獻，其中刊載了薌齋先生及筆者的文章（有該文獻可證）。

　　1963年早春，薌齋先生突患腦溢血症，經省中醫研究院大力組織搶救後，仍出現了半身癱瘓，語言功能障礙後遺症。經院方研究決定，將薌齋先生送回北京山門胡同13號的住所，因照料問題沒得到解決，而薌齋先生又非正式人員，無法派人長期照看，在不得已情況下，段廳長叫秘書鄭文，立即去天津找到薌齋先生的三女兒王玉白女士。經協商王玉白女士同意收留照看薌齋先生。1963年3月，薌齋先生去世後，王玉白女士來京找到姚宗勳先生，姚先生召集了在京薌齋先生部分弟子，湊錢交給了王玉白女士，回天津料理了薌齋先生的後事。

　　現看到聽到對薌齋先生到保定工作前後的訛傳甚廣，大有越傳越離奇之勢。在黨的「解放思想，實事求是」的思想指導下，筆者作為先生的弟子，有責任就先生這段歷史，實事求是地予以澄清，避免繼續訛傳，貽害視聽。

在《中華武術》答讀者問：

意拳、大成拳同出一轍嗎

　　意拳與大成拳均為著名拳術家王薌齋先生所創立。但是當前很多習武者，對王薌齋創立意拳與大成拳之間的關係認識不清，以致眾說紛紜。

　　據我所知，王薌齋早年從師郭雲深習形意拳。郭去世後，王薌齋於1926年在上海時，始將形意拳改為意拳。他認為形意拳之重點應在於「意」，而不應在於「形」，如仍以形意拳為拳名，很可能使人誤解形的重要，突出了形而忽略了意。王薌齋為使練功者及練拳者有理論上的遵循，故於1926年在上海著有《意拳正軌》一書中，指出「拳以意名者，乃示拳理之所在」，從而使習拳者在理論上對意拳有所理解。

　　隨著事物的發展，王薌齋遷居北京後，認為仍以意拳為名，已不適應拳學新的發展需要，同時鑒於太極拳、八卦拳、螳螂拳等都有其特長，故王薌齋在拳學上做了一次新的嘗試，他自稱是「博採各家拳術之長，去粗取精、去偽存真、參研究討、彙集一爐」，把各家拳的長處歸納於自己創立的拳術之中。王薌齋在創立「拳學十二式時，就指出「夫子三頓首」改為「波浪三頓首」，是從螳螂拳蛻化而來的。1944年王薌齋在中南海萬字廊居住時，著有一

部拳術著作，在定名之前，許多至友因讚揚王先生在拳術上的改革創舉，而贈書名為《大成拳論》，薌齋先生初誤解其意，認為拳無大成，拳學理論深奧，不可能達到登峰造極境地，否則拳學將無以發展。後經大家解釋「大成」之名絕非登峰造極之意，而是盛讚王先生首將各家拳之長歸於一家之舉，這樣薌齋先生接受了《大成拳論》的書名，並將創立之拳術定名為「大成拳」，沿襲至今。

現在流行的意拳，是王薌齋之徒姚宗勳自己改變的。姚宗勳於1961年在中山公園教功時，出於某種原因，不便再使用大成拳的名稱，最後決定只有取用王薌齋先生早年意拳的名稱。以後姚宗勳將大成拳改為意拳，王薌齋及其他徒弟仍使用大成拳名稱，沒再變更。這就是王薌齋創立的拳術，使用兩種名稱的事實經過。

王薌齋晚年曾自謙地說：「對拳學這門科學，我究竟懂了沒有，入門沒入門，還是個疑問，有待於後生們繼續研究發展。」王薌齋的這種拳學思想，足以澄清對大成拳的模糊認識。

（原載於1990年第3期《中華武術》）

重讀《解除師徒制之権商》有感

最近重讀了王薌齋先生1944年撰寫的《解除師徒制之権商》一文，使我又受到一次深刻的教益。先生雖為知名的氣功家、拳術家，但從他的文章中，可以看到他那嚴謹、求是的治學精神和研究學術的科學態度。

師徒關係，在我國流傳了幾千年，至今「尊師愛徒」仍不失為一種美德。但是，由師徒制演變為門戶派別，則是封建宗法制度的產物。

在舊社會，有些人為了把別人的學術成果歸為己有，便由立門戶、搞派別實現其目的。他使用寫「家譜」的形式自立門戶、論資排輩。在學術上實行壟斷，立下什麼「只傳門裏，不傳門外」的清規戒律，即使「門裏人」也分成三、六、九等。

他們嚴格控制對學術的發言權，限制成員中對學術研究的自由發展；否則，即以「離經叛道」之罪名，受到責難和攻擊。同時又以「門戶之見」為手段，和那些非「門裏人」進行門派鬥爭，甚至大動干戈。因此，在這種封建宗法制度下形成的寫「家譜」方法，大搞門戶派別，與正確的師徒關係毫無共同之處。

先生對這種師徒關係，表示深惡痛絕，故撰寫《解除師徒制之権商》一文，以資揭露。

　　先生在《解除師徒制之榷商》文中，批駁了當時社會上那些以師徒制為幌子，實行學術上的保密，大搞門戶派別，進行學術上的壟斷，限制學術發展的不正之風。寫到：「學之者，意若不拜師，難能得其秘。教之者，亦以不拜師，不足以表其親，更不肯授之以要訣，尤而效之，習為固然。」

　　先生認為這種封建宗法式的師徒保密關係，勢必「將拳道之真義，密之於烏有之鄉」。以此譴責了由師徒關係進行學術保密，實行學術壟斷所造成的危害。

　　先生還以是否具有正確的師徒關係，不在於形式而在於實質，表達出了他在師徒問題中的嚴謹、實事求是的科學態度。他指出：「蓋以人之相與尚精神、重感情，不在於形式之稱謂，果有真實學術授人，我雖不以師居，而獲其益者，誰不懷德附義而師事之，是師之名亡而實存也。若以異拳瞽說以欺世，縱今拜門稱弟，而明達者一旦覺其妄，且將痛惡之不置，此又何師之有，師名雖存而實亡也。」

　　先生認為是否屬於師徒關係，應看學生向老師所學的學問是否學到手，如果學到手就是有師；沒有學到手，雖空有師徒之名，也不是真正的學生。因而指出「且學之有得始乃有師，若叩頭三千、呼師八萬而於學術根本茫然，是究不知其師之所在也。」

　　由此可見，先生所提倡的解除師徒制，是要解除那些在封建宗法制度下形成的寫「師承系譜——家譜」、立門派、論資排輩、限制學術發展的不正確制度。這在今天仍

有其現實意義。

　　作為著名的氣功家、拳術家，先生深深感到封建宗法式的師徒制，是有百害而無一利，它既有礙團結，更不利於學術的發展，有鑒於此，故先生在當時才提出解除這種不正確師徒關係的意向。

　　拙文是藉以勸請那些名遵師教，實違師訓，至今仍在繼續熱心於「師承系譜」，務虛名不求實際、排除異己、壟斷學術者有所鑒戒。

　　　　　　　　　（原載於1990年第4期《中華武術》）

王薌齋先生論述大成拳中「力」的運行機制

　　王薌齋先生所創大成拳在練功期間，無論是在站樁、試力、技擊等方面，都存在著力的運行問題，因此，在練功中如何保持力的運行比例的分配，是個關鍵性問題。

　　薌齋先生指出，「力量運行一定要保持練功者身體的整體平衡」，「絕不能出現身體力量的上實下虛情況，使上下失掉平衡」，而必須要保持「下實上虛狀態，必須是力量在下邊為根基。掌握了以下帶上這個力的運用基本法則，才能在站樁、試力、技擊上保持得心應手，發揮出威力。」因此，薌齋先生在1957年間，一度稱大成拳為「人體動力學」是不無道理的。

　　在力的運行操作方面，薌齋先生談到練習初步力量運行時說：「比自己如水之水草，其根紮在泥中深處，根深蒂固，而其枝葉在水中漂流，隨水蕩漾」，也就是說，在練功時，比己身如水草，雙腳插於泥中十分穩固，而頭頂部位如有繩吊繫，而身體猶如在水中完全放鬆，並隨著水從四面八方的衝擊力，而輕鬆地移動，從而體驗力自下而上運行的感受。

　　現就薌齋先生就大成拳力的運行論述的幾個方面，分別加以介紹。

一、論述站樁方面「力」的運行步驟

無論是站平步樁或斜步樁，都有兩腳力量的分配變化。在站平步樁時，兩腳間應保持一橫腳的距離，在開始站樁時頭部如繩吊繫，把力量下沉到雙腳，雙腳力量分配為5：5。在全身放鬆的狀態下，力量支撐點在腳掌與腳跟部位。然後開始向前移動力量，使前後腳的力量發生變化，即前8後2，在向後轉移力量時成為後8前2；在第二次轉移力量時，形成前7後3、後7前3的變化；在第三次力量轉移時，形成前6後4、後6前4的變化。到這種程度後，雙腳力量的移動在6：4與4：6中形成了微動，從而保持了「神動、意動、力量動」。

從外形上幾乎看不出來練功者是在動，而做這個「力」的運行變化中，對上下關係的原則，必須是用腳的動帶動上肢前胸後背前腹後臀，都隨著腳部「力」的運行相應的動。這些部位的動要和雙腳「力」的運行速度一致，絕不能形成腳的「力」運行速度慢，而上身動的速度快的錯誤動法。而在雙腳「力」的運行時，上肢及身體必須是在保持姿勢不變的情況下力求放鬆，所以說這種「力」的運行是以下帶上，絕不允許練功者出現以上帶下，否則「力」的運行結果就不可能形成下實上虛，而必然出現逆向的不平衡現象。

練斜步樁的道理和平步樁的道理是相同的。在練斜步樁時，把一隻腳的腳跟橫放在另一隻腳的前腳尖，然後再把橫放腳跟放在橫放腳的腳尖位置，形成丁八步。開

始練站樁時，也是前後腳的力量分配為5：5，然後再逐步
向前腳轉移力量，形成雙腳力量變化為前8後2，向後轉移
力量時形成後8前2；第二次進行力量轉移時形成前7後3、
後7前3的變化；在第三次力量轉移時，形成前後6：4的變
化，也就是在這個力量變化中，形成了「神動、意動、力
量動」的微動。這個斜步樁「力」的運行變化，與平步樁
的要領完全一致，也是以下帶上。而上肢等部位，也是在
有姿勢負擔情況下，力求全身放鬆，最後達到下實上虛的
要求，否則也必然會出現逆向不平衡狀態。

練大成拳無論是平步樁或斜步樁，也無論是練什麼姿
勢，都必須遵循這一基本法則，否則在「力」的運行中，
就絕不能達到整體平衡。

二、論述在試力方面「力」的運行步驟

試力是大成拳練功的一種特殊形式，薌齋先生一再強
調「站樁與試力是一件事，站樁是試力的縮小，試力是站
樁的擴大」，從而使我們理解了站什麼樁就試什麼力，
反之試什麼力就站什麼樁，這樣才足以說明站樁與試力
的一致性。站樁時無論是平步樁或斜步樁，都出現了雙腳
「力」的運行問題，而這種「力」的運行是以極緩慢的速
度進行著，其運行速度慢如「抽絲」，最後達到外形上觀
察不出來的微動，形成了「神動、意動、力量動」。

這種動又必須是以下帶上來進行，而又是用意識控
制身體的動，絕不能形成無意識控制自流的晃動，這是
「力」的運行必須遵守的原則。在試力中對「力」運行的

要求，與這個動的要求基本相同。例如站平步椿時求的是撐抱力，那麼，在試力時也是做平步試力，在做這個試力時，也是先直立放鬆，頭頂如有繩吊繫。兩臂慢慢抬至胸乳部位，兩手間距為三拳，十指分開。雙腳「力」的運行是以極緩慢的速度有意識控制轉移，即在前8後2、後8前2，前7後3、後7前3的力量變化中，兩臂隨之進行撐抱活動，撐中有抱，抱中有撐，同時注意兩臂上下的力量保持平衡均整；而也必須是以下帶上，上身是在姿勢不變中保持輕鬆自如，並隨著雙腳的力量變化速度，進行與之相適應的撐抱活動。這個試力自始至終都保持著雙臂及全身有水的阻力意念，永不間斷。

又如在斜步椿求二爭力的試力中，也保持著雙腳力量的變化為前8後2、後8前2，前7後3、後7前3。在做雙臂與外界發生爭力的意念時，絕不是只用雙臂做爭力活動，而必須用雙腳力量轉移變化，來帶動雙臂進行爭力。

雙腳帶動上肢運動，這是主要方面，絕不能只想用雙臂來體現求二爭力，而忽略了主要用腳的位移變化帶動腰胯再帶動上肢去求力，上下倒置是絕對錯誤的，特重點加以說明。進行這個試力時，也必須體現出前後的阻力意念不能丟掉。

三、論述技擊方面「力」的運用步驟

由於有了站椿的求力、試力運動，練功者將逐步有能力掌握所求得的力和試力的運用方法。在試驗這種力的具體運用上，首先表現在推手方面。

1. 單推手

單推手就是在求力的基礎上，已獲得了某些力的具體運用。單推手首先表現在與對手單臂的接觸上。推手是體現力的運用，而不是較蠻力，因此，在單推手的雙方剛一進行點的接觸時，應是形鬆點緊，然後雙方由點的轉移與變化，來體驗自己功力掌握程度。而在點的轉移變化中，絕不是把力量用在手臂上，而是用腳帶腿、帶腰、帶胯，然後貫穿在手臂上，反應在點的轉移變化之中。

在單推手時，力量也是由下貫通上面，也就是說誰從下到上的整體功力形成得好，誰就能在單推手上佔優勢。所以說單推手雖表現在雙方手臂的接觸上，但是還在於誰的下部功底過硬。這個道理必須弄明白，才能較好地達到單推手的效果。

2. 雙推手

雙推手也是在站樁求力、試力的運行上看效果。雙推手與單推手不同，單推手只是用單臂的點擠點來試驗雙方求力的成果，而雙推手則在擠雙點的基礎上進行。由於雙推手擠雙點的轉移變化較單推手複雜，所以雙方都出現了守中用中、不失中線、中失中神、不失中意的問題，一句話就是雙方在點的轉移變化中，都必須搶佔對方中線保護自己的中線，這樣才能使自己的攻擊力永遠威脅對方。由於雙推手還有步法的變化，因此，在雙推手中無論使的是分閉力、道放力、螺旋力等，其「力」的運行都是其根在腳、發於腿、主宰於腰、行於手指，這就是說以腳下的力上行至腿、腰、胯，最後帶動雙臂進行擠雙點的運作，所

以在全身運動中體現出以下帶上而形成強大的攻擊力。

在練雙推手時，誰體現出以下帶上的能力強，誰就可以佔據優勢，能較好的完成用各種力來破壞對方的平衡，也就能控制對方將其擊出。從雙推手中也可看出以下帶上練功的重要性。

瞭解薌齋先生大成拳「力」的運行理論機制，是練技擊、養生椿都必須遵守的共同法則。可以看出練大成拳中的求力及「力」的運行絕不是練拙力，而必須是由「力」的運行去練活力，在練功時不是保持上實下虛，而是要保持下實上虛，無論是站椿、試力、技擊都不應強調上肢過多的用力運動，去進行上肢拙力較勁，而必須強調以下帶上。這是大成拳的核心理論思想問題。很多練大成拳者，由於不明白王薌齋先生所強調「力」的運行機制這一真理，有的雖練了幾十年功夫，仍然一無所獲，有的還未入門，甚至有的一味求姿勢角度練拙力，把大成拳練成了呆板的「猶如木椿」，使全身力量呆滯，無從發揮，這些都與王薌齋大成拳的真實功夫相距甚遠。

由於王薌齋先生大成拳「力」的運行學說的內容深奧，這裏只能概括地加以介紹。這個簡介如果對廣大練功者起到了開宗明義的引導作用，就是達到了目的。關鍵在於練大成拳者的「修行在個人」，只有充分發揮個人的主觀能動性深入鑽研，才能達到真正理解大成拳「力」的運行，才能把所練大成拳功夫引入正軌。

（原載《武魂》2004年第6期）

略談薌齋先生大成拳
著作中的幾首詩詞

薌齋先生博學多才，不僅精通養生拳術，而在文學方面造詣頗深，尤其在詩詞方面更是獨具一格，令人耳目一新。薌齋先生在傳授大成拳時，除口傳心授外，對不同練功對象往往以詩詞授之。練功者對所授詩詞非經百般推敲，難能得其要領，一旦領悟則豁然開朗，練功即可突飛猛進。

薌師生前所授詩詞，在我受業期間的1960年3月16日所編著的《薌師日語隨筆》中記載了一些，該項筆記當時有衛生部、華北局組織部、鐵道部等一些人抄閱過，並在1975年油印散發了一部分。不久，即發現該筆記部分內容包括部分詩詞，均被人改動。

薌齋先生遺留的大成拳學術應為廣大練功者服務，而如果把妄加改動的學術著作留傳後世，則恐貽誤後人。現將部分詩詞的正誤加以對照介紹。

一、養　生

一首：

> 脫肩鬆背懶束腰，
>
> 神情意力似黏糕。
>
> 一切知感全不要，

靜室長鬚赤條條。

這首詩是針對初練功者全身處在緊張而不能達到放鬆狀態下的指導，即引導練功者包括形體、精神、力量的放鬆，也就是薌齋先生常說的「初練功者要保持鬆靜自然舒適得力」；「每次練功留有餘興、留有餘力以不超過自身負擔能力為原則」。但此詩的最後一句，被人用粗俗語言改為「靜室常露赤條條」，真可謂一字之差謬之千里。

薌齋先生另一首詩詞寫道：

渾身肌肉掛青霄，
毛髮根根暖風搖，
慧眼默察三千客，
凝耳息聽二八嬌。
滄海飛波游龍戲，
流雲吐月紫兔嚎，
無窮假借無窮象，
早欲蓬壺踏六鰲。

這首詩比前首詩在指導練功意義上較為寬廣，不僅要求練功者保持放鬆，也包括了一些緊的因素在內，即薌齋先生常說的「鬆而不懈，緊而不僵」。「滄海飛波」、「流雲吐月」是動態的表現，「慧眼默察」、「凝耳息聽」表達了靜態的意境。但這首詩中的第四句被人改為「凝耳細聽兩人嬌」，第六句被改為「流雲吐白紫兔

嚎」，第八句改為「有如蓬壺踏六鰲」，如此胡編亂改，
實在讓人痛心難過。

薌齋先生對中醫學有興趣，筆者亦喜愛中醫學，經常
和薌齋先生在閒談時，談論到中醫的《黃帝內經》及中醫
的經典醫學、中醫學術和養生的關係。1959年薌齋先生在
生日期間，興之所至送給作者一首詩：

> 養生別開面目新，
> 筋含勁力骨存神，
> 靜如伏豹橫空立，
> 動似騰蛟挾浪奔。
> 吐納靈源合宇宙，
> 喊聲叱吒走風雲，
> 不知素問千年後，
> 打破樊籬更多人。

薌齋先生用「素問千年後」誇張的手法，指出中醫學
再過多少年後，取得更大的發展創造又何止一人，鼓勵筆
者將來能把中醫養生與大成拳養生很好地加以結合。這首
詩的第四句被人改動了一個字為「動如騰蛟挾浪奔」，雖
只改動一個字，但總感覺不如原句順暢。

二、技　擊

薌齋先生在拳術方面寫得詩詞也不少，這些詩詞每句
含義都較深奧。現介紹薌齋先生在指導實戰方面的詞一

首：

> 力光閃，捲枯葉，
>
> 驚嚇天涯鳥飛絕，
>
> 裹纏橫繞雲龍蛇，
>
> 光芒無限力如鐵。
>
> 手握提按斜撐錯，
>
> 足踏泥濘半尺雪，
>
> 雷電交加輕也重，
>
> 眼底心頭掃鯨穴。

薌齋先生在這首詩中，把大成拳實戰情景描寫得淋漓盡致。開始的「力光閃」形容實戰速度之快可以橫掃一切，使大片枯葉紛紛零落，嚇得大群鳥類都已飛掉。在實戰中，大成拳多方面力的運用且不斷變化，如龍蛇纏繞，而精神氣質光芒四射，使人望而生畏，力的運行自下而上的虛實變化，使人莫測，難以捉摸。在實戰中還要保持膽大心細的威舞氣概，不斷應對對方的變化而打擊對方。

這首詞現在竟被改得非驢非馬，如：第一句被改為「刀光閃閃捲枯葉」，第四句被改為「光爛無限力如鐵」。經粗俗文字的改動，該詞的原貌意境盡失。

三、舞

薌齋先生在指導練舞時，提出了四種舞式即：白鶴舞、驚蛇舞、游龍舞、揮浪舞（又稱大氣舞），在所寫的詩詞中如：

身動揮浪舞，
意力水面行，
游龍白鶴戲，
含笑似蛇驚。
肌肉含動力，
神存骨起棱，
風雲吐華月，
豪氣貫日虹。

　　這首詩中寫出了四種舞的基本情況，而在另一首詞中
又加以刻畫了舞的表現：

精貧出豪舉，
得聞慷慨聲，
大氣包寰宇，
揮浪捲溯風，
吳勾運起吞長虹，
發聲喊，
海洋谷應舞龍象，
飛似梨花影。
賦長歌，
整備山河定，
七尺軀任縱橫，
揮一似山崩潮湧，
頓開金鎖走蛟龍，

打破樊籬舞。

薌齋先生在這首詞中用了不少典故，如：「吳勾運起」，是指古代越王勾踐臥薪嚐膽，最後打敗吳王夫差的故事；又如「賦長歌，整備山河定」，是指岳飛抗擊金兵侵略時，所寫的《滿江紅》一詞中，充滿了慷慨激昂的氣概；在金鎖鎖住蛟龍的神話故事中，發揮蛟龍掙脫金鎖的束縛，而騰飛造福人類的想像。

但這首詞中的「吳勾運起吞長虹」的句子，被改為「吳鈞雲起吐長虹」；「大氣包寰宇」，被改為「大氣包環宇」；「海洋谷應」被改為「山搖谷應」；「揮一似山崩潮湧」被改為「瀉一似山崩海湧」，造成這首詞的不倫不類，不知其所云為何意。

綜上所述，薌齋先生以所創詩詞指導練功，他的詩詞創作獨樹一幟，絕非表面文章，一看就能懂，必須練功者有所體會，並能逐字逐句反覆推敲進入意境方可領悟。而妄加改動者，用字粗俗，詞不達意，立意低劣，曲解處甚多，大違先生原著之良苦用心。如果任由這些被篡改的薌齋先生著作繼續流傳下去，大成拳的拳學思想，有被閹割的危險，真正的大成拳學術將被喪失殆盡。作者是薌齋先生的弟子，本著對後世負責的精神，特透過此文，以示正誤，而保持大成拳的純潔。

（原載《武魂》2002年第11期）

概述王薌齋先生大成拳的拳學思想理論

　　王薌齋先生是大成拳的創始人，而大成拳又是在形意拳的基礎上發展演變而來的。薌齋先生認為，形意拳從字義上講，容易使人誤解該拳重形輕意，因此，1926年在上海時，將形意拳改為意拳，並著有《意拳正軌》一書；以後又博採各家拳術之長，補己之短，把各家拳學理論精華進行整理編輯，形成了一部新的著作，初步定名為《拳道中樞》。

　　1944年，薌齋先生在中南海萬字廊居住時，在幾位弟子的參與下將該書略加節刪，正式定名為《大成拳論》。薌齋先生在當時的社會條件下，敢於在拳術界進行大膽革命，實非易事，因而不可避免地遭到武學界一些人士的非議。

　　1963年薌齋先生去世後，其眾多傳人又缺少互相聯繫，故而出現了因每個人對大成拳的理解程度不同，練功重點和方法亦不相同的現象。但這些分歧也只是在方法上的差異，大成拳的拳學思想理論並未改變。

　　為了便於廣大練大成拳者能更深入地瞭解大成拳的拳學思想理論，從而更好地運用到練功的實踐中去，特再就大成拳的思想理論加以概述，以饗廣大讀者。

一、大成拳站樁的調節、控制平衡功能

大成拳是以站樁、試力、試聲、技擊形成的練功整體，因此，廣大練大成拳者首以練站樁為主。但是站樁如何站法，界外人士其說各異。

其實大成拳的站樁（四肢功除外）絕不是站在那裏不動，而是全身四體百骸都在進行著極為細緻微小的運動，這種動用肉眼幾乎難以觀察出來，故又稱不動之動。薌齋先生將這種動形象地比喻為「蟒體之動」，因蟒在蜷臥時觀其外形似不動，其實其身體無時不在動。

因站樁練功是在微動中進行，必然會出現諸多方面的不平衡，由調整使在不同時期出現的各種不平衡，達到可控制的暫時平衡，還需要繼續不斷地調整，達到一個新的、可控制的、更高一級的暫時平衡，故薌齋先生提出了「世間一切事物沒有絕對的平衡，只要做到可控制的暫時平衡就是達到了平衡」的平衡理論。

他又更深入地提出了「人之所以生病，就是人體內部臟腑機能失去平衡所致。正如在拳術上，人之所以能被擊出，就是破壞了被擊者的平衡所致。站樁為建立這種調節、控制平衡，開具了不二法門。」

薌齋先生提出「大成拳站樁的調節、控制平衡並不是一成不變的，而是隨著練功的深入，不斷打破已建立起的舊平衡關係，又去建立自己練功需要的新的平衡關係」，在不斷「破舊立新」的進程中，使練功者的功力，逐步從低級階段上升到高級階段，從而達到高程度的調節、控制

平衡，這種變化與上升是永無休止的。

二、大成拳站樁在動力中的矛盾統一

大成拳在練站樁動力運動尋求調節、控制平衡的過程中，會出現各種複雜的矛盾變化。表現在鬆與緊、動與靜、剛與柔、虛與實、上與下、前與後、左與右等方面。

薌齋先生指出，開始練站樁的人，鬆與緊、上與下為主要矛盾方面。開始練站樁者的肌肉、氣息等非常緊張，用力鬆不開，以及上下用力的不平衡，出現了鬆少緊多、上實下虛的不平衡狀態，所以首先解決鬆與緊、上與下的矛盾，但也絕不是放棄了在站樁動力調節過程中對動靜、剛柔、虛實、前後、左右方面的注意。因此，開始練功時難度較大，進展也較緩慢。

隨著練習大成拳動力的深入，動與靜、前與後又成為矛盾的主要方面，但也絕不意味著放棄對鬆緊、剛柔、虛實、上下、左右的注意。

大成拳站樁在鬆緊理論中提出了「鬆而不懈，緊而不僵，鬆緊互用」及「鬆即是緊，緊即是鬆，鬆緊緊鬆勿過正」，這是解決鬆緊關係的樞紐。因為站樁需要姿勢練習，在有姿勢的情況下肌肉氣息必然緊張，也就必然出現僵硬。而這些理論是在站樁動力中，指導解決緊僵的唯一手段，從而做到在有姿勢負擔的條件下，儘量達到肌肉氣息的舒放。這就要由刻苦的站樁動力練功後，逐步感受到習之甜蜜的境地。

站樁動力從理論上提出了「動靜互根」，薌齋先生從

理論上指出「世間上沒有絕對的靜，而動則是絕對的」；並又提出「靜中非靜靜有動，動中非動動有靜，靜中之動則為真動，動中之靜則為真靜，動靜互限錯綜為用」，確立了大成拳站樁絕不是不動的僵化站立，而是「在不動中求體會，在微動中求認識，欲動欲止，欲止欲動。有動乎不得不止之意，有止乎不得不動之意」，所以站樁中永遠保持著「神動、意動、力量動，一般極難觀察出來的微動」。這時會感受到「形雖不動意念不停，全身氣血如巨海汪洋之水，波瀾上下橫流有迴旋不已之勢」的甜蜜狀態，其他對剛柔、虛實的調節，也可達到「剛柔相濟，虛實中平」的最佳境地。

薌齋先生對站樁動力中的上與下、前與後、左與右的關係認識也不是絕對化的，而是從它們的矛盾對立關係中去認識，經由練習逐步達到暫時形成的調節、控制平衡關係。在理論上提出了「欲上則有下、欲下則有上，欲前則有後、欲後則有前，欲左則有右、欲右則有左」，繼續又把這些理論進行了綜合，完整地提出「上欲動則下自隨，下欲動則上自領，上下動則中間攻，中間攻則上下合，內外相連，前後左右都相應之動」，從而把上下、前後、左右的諸種矛盾統一關係，進行了最完整的說明，為調節、控制平衡關係在這些方面確立了理論基礎。

三、大成拳站樁動力中的姿勢與意念

薌齋先生提出大成拳站樁絕不是單純片面的強調姿勢練功，而必須配合各種各樣的意念。在意念上表現為兩大

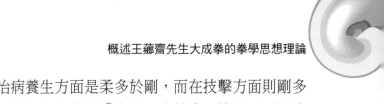

方面，在治病養生方面是柔多於剛，而在技擊方面則剛多於柔，所以薌齋先生強調「在同一姿勢中，使用了不同意念，其效果絕不相同」。

大成拳理論中還指出「只求神意足，不求形骸似，勢以意變，形簡意繁，以形為體，以意為用，以靜為和」，從中可以看出大成拳練功關鍵在於「意」之領導。無論在練功的任何時期，如果丟掉了意念就等於丟掉了靈魂。

薌齋先生把大成拳形與意的關係，總結為「以形取意，有意相形，意自形生，形隨意轉，力由意發，勢隨意從」，這個理論把大成拳的形意關係，說得非常明白徹底。

大成拳意念柔多於剛的方面，如「左右分水、手按浮球、上下吸力、空中旗浪中魚」等等，形成了輕微的阻力意念；而在技擊方面的意念則是剛多於柔，就是每個意念都要有個爭力的矛盾，如撐抱、開合、分閉、勾銼等，在意念中必須使用矛盾爭力進行訓練。這兩種意念方面都可以訓練出力量來。

在柔多於剛的意念所練出的力量，達到最完好境地時，稱之為「渾圓力」，而在剛多於柔意念所練出的力，達到最完好的境地時稱之為「渾圓爭力」，這些都足以印證了薌齋先生的「在同一姿勢中，使用了不同意念，其效果絕不相同」的理論。

因此，薌齋先生在晚年總結了他一生經驗，對站樁的姿勢沒有定得那麼複雜，而統稱之為「渾圓樁」，這也是「渾圓樁」名稱之由來。

四、大成拳之技擊

薌齋先生所創大成拳是以站樁、試力、試聲、技擊四
個部分組合而成，在這四個部分中站樁與試力又是重中之
重。站樁是在動力中求力，而試力則是在運動中試驗力的
運用效果，所以說「力由試而得知，由知而得其所用」。
在練習大成拳有一定功力後，也就具備了有一定程度的調
節、控制平衡能力。而在技擊方面講，自身的調節、控制
平衡能力越強也就說明了功力越大，破壞被擊者平衡關係
的實力越強。如是雙方功力懸殊，調節、控制平衡能力強
者，破壞調節、控制平衡能力弱者的平衡易如反掌，完全
可以出現被擊者搭手即被擊出的可能。因此，薌齋先生在
總結了這方面情況後，從理論上指出「站樁與試力是一回
事，站樁是試力的縮小，試力是站樁的擴大」。

這就印證了大成拳站樁技擊方面的首要意義就是求
力，在求力中把所求之力放大就是試力，縮小至微動外形
上難以看出就是技擊樁。

從大成拳站樁與試力的意義上講，二者有著不可分割
的關係，在這方面取得成就後，就可以體現出大成拳理
論上所說的「拳本無法，有法也空。一法不立，無法不
備」，才可以在推手斷手方面發揮出無比威力。

大成拳在取得一定功力後，可用於推手與斷手方面。
推手是用各種力之表現來制服對方，如勾銼力、順力逆
行、分閉力、開合力、隨讓牽隨、遒放力、螺旋力，多面
螺旋中夾旋轉力，等等。而這些力無一不是矛盾的統一，

諸如分閉力是「分中有閉，閉中有分，分閉合一」，而開合力是「開中有合，合中有升，開合統一」，遒放力是「欲遒先放，欲放先遒，遒放本同」，勾銼力是「勾中有銼，銼中有勾，勾銼互用」等。

這些力在推手時均可發揮出威力。而表現在斷手方面也都是在保持自身調節、控制平衡的基礎上出手打擊對方，周身無點不彈簧，每個部分都可以攻擊對方，諸如「拳似炮，龍折身，應敵猶如火燒身」、「力如火藥拳如彈，靈機一動鳥難騰」、「力如火藥爆發狀，炸力發出意不亡，無形機變卻又深深暗中藏」，等等。而在與對方交手中，「打與顧」也同樣表現出矛盾統一關係。

薌齋先生在理論上提出了「打即是顧，顧即是打，出手即是處」，這就是從理論上說明了打與顧的關係。打並不是絕對的打，其中還有顧的因素；顧不是消極防禦，其中還有打的力量存在。

從以上可以看出，大成拳的技擊無論是推手或斷手，都存在矛盾統一調節、控制平衡的關係在內。大成拳的試聲是輔佐技擊使用的發聲方法，是以「聲由內轉，氣由內喚」為要領，所發之聲如「撞鐘幽谷」，含有渾厚之力。大成拳的步法是以摩擦步為主導，在養生與拳術方面形式各異。技擊方面的步法如「蛇行步，雞行步」等等，但每種步法中也都是矛盾中形成了一種鼓蕩力在內，如「以前步作後步，以後步作前步，以前步作後步之前步，以後步作前步之後步」，這種步法使對手難以捉摸，但又都具有矛盾與調節、控制平衡的因素存在。

　　大成拳的拳理較複雜，由於篇幅所限只能概略加以介紹。如欲深研，只有堅持練大成拳者的不懈努力，在不斷深入練習的過程中逐步掌握和理解。實踐出真知，這樣才能逐步理解大成拳拳學理論的真髓。

　　這裏應著重說明，薌齋先生所創大成拳是一門武學。這門學術具有深奧的科學哲理，所以練習大成拳不僅習武技，而要重武德。

　　薌齋先生指出，最早練武之人在一起切磋武技名之曰「理拳」，並不交手，從談拳理上就可知誰高誰低。因此，諄諄教導練大成拳者要注重「四容」、「五要」。四容者「頭直、目正、神莊、聲靜」，從外表上即能看出具有一團正氣之氣質；而與對手技擊時，要做到五要，即「恭、慎、意、切、和」，絕不能恃強凜弱，打架鬥狠，出手傷人。練大成拳者，應是能出口成章，能文能武，有一定修養，而非一介武夫所能比擬。

（原載《武魂》2000年第11期）

薌齋日語隨筆

筆者按：以下全部內容，係編著者跟隨薌齋先生期間逐日記載，原名為《薌師日語隨筆》，1960年3月16日編輯而成，曾面交薌齋先生閱後予以肯定，並請當時華北局組織部長范儒生，衛生部幹部孫家俊、杜洛伊，鐵道部王嫻及王選傑，香港劉勝等人閱過並抄錄過。1975年，未經本人同意，此文被人改為《意拳要點》，經閱其中有多處差錯。我今年已77歲，恐日後難以辨別真偽，現將原著真實內容寄上，其中絕大多數為薌齋先生口述，由我編著，極少部分為薌齋先生指定按其著作抄錄。

總　則

以形為體，以意為用，以靜為和。

以形取意，以意象形，形隨意轉，意自形生，力由意發，式隨意從。

鬆即是緊，緊即是鬆，鬆鬆緊緊勿過正。

實即是虛，虛即是實，實虛虛實得中平。

動即是靜，靜即是動，動靜靜動互根用。

顧即是打，打即是顧，出手即是處。

靜中求動，動中求靜，動中不動動有靜，靜中不靜靜有動，動中之靜是真靜，靜中之動是真動，動靜互根錯綜

為用。

神不外溢，意不露形，形不破體，力不出尖。

內空虛外脫化，隨時注意遍體輕靈。

樁 法

站立擺好姿勢，意念放大，先由頭部開始，逐漸使毛孔放鬆，全身毛孔有過堂風吹拂之感。然後左右伸展，挺拔項部肌肉使之起變化，要求達到虛靈守默，具體悠揚，毛髮如戟之感。初練時宜遠看，靜觀宇宙，默會全機，覺得有懶惰心情。再將全身舒放，身形中正，腹內空虛，悠然蕩然如浮太空之中。綿綿若存，似有若無，身在烘爐大冶中，無物不包容。

練功時不可有執著心，從虛無中求實際，不可著象，著象即非真。

神動，意動，力量動。

勁斷意不斷，意斷神猶連。

形雖不動，意念不停，使精神氣血有如巨海汪洋之水，波浪橫流，迴旋不已之勢。

比我心如烘爐大冶，雜念如枯葉飛雪，四面八方來者即熔，如此使心胸開闊，膽氣壯大，正氣一勝，邪念自負，烈日高懸，霧露自散。

舒適從緩中，以應萬無窮，運動時保持渾圓，渾圓為一，動作為一，不可拘於形式執著，一法不立，無法不備。

在鬆靜中求挺拔，在運動中求舒放，寂靜調息，內外

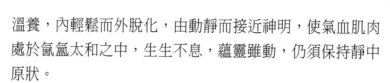

溫養，內輕鬆而外脫化，由動靜而接近神明，使氣血肌肉處於氤氳太和之中，生生不息，蘊靈雖動，仍須保持靜中原狀。

神動得自有象外，意存妙在無念中。

只求神意足，不求形骸似。

站樁的單雙重不偏不倚的調配方法，使渾身血行曲折路線適當。要使曲折面積得力，無處不有單雙重鬆緊虛實輕重之別。調配分三部，即休息的調配、治療的調配、鍛鍊的調配，因病設式，因人而異。加強鍛鍊是為了減低疲勞，減低疲勞也是為了加強鍛鍊。留有餘力，留有餘興，以不超過身體負擔能力為適當。

用功時，莫發急，先找個適宜場地，凝神靜氣去站立，身軀直立，兩足分開與肩齊，渾身關節都含有似曲非直意，內空靈清虛，兩手慢慢輕鬆提起，高不過眉，低不過臍，臂半圓，腋半虛，左手不往鼻右來，右手不往鼻左去，往懷抱不粘身，向外推不逾尺，雙手變化在範圍裏。不計較姿勢好壞、繁簡和次序，須察全身內外得力不得力，守平庸，莫好奇，非常都是極平易。

這種運動也算真稀奇，不用腦，不費力，行站坐臥都可練習，裏邊蘊藏無限神思精金和美玉，鑽研起來生開趣。有誰能知這種自娛能支配空虛宇宙力，鍛鍊的愉快難比喻，飄飄蕩蕩隨他去，精力充滿神意自不疲。注意頂心如線繫，遍體鬆靜力如泥，慧眼默察細胞細，如瘋如顛如醉如迷，蓄靈獨存，悠揚相依，海闊天空滌萬慮，哪管他日月星球的轉移，只肯恒心去站立，就有想不到的舒適，

此即前人不傳之絕密。

技　擊

一、提　綱

頭直：目正、神莊、聲靜，靜、敬、虛、切、恭、慎、意、和。

全身關節形曲力直、神鬆意緊，肌肉含力，骨中藏棱，神猶霧豹，氣若騰蛟，神意之放縱，如颶風捲樹，拔地欲飛，擰擺橫搖之力有撞之不開，衝之不散，湛然寂然居其所而穩如山嶽之勢，外形笨拙意力靈巧，平凡中求非常，抽象中求具體。

筋藏勁，骨藏棱，悠揚相依，虛靈獨存，渾身毛髮直豎如戟，齒欲斷筋，爪欲透骨，髮欲衝冠。

鷹目、猿神、貓行、馬奔，齒欲斷筋，甲欲透骨，髮欲衝冠；起如弄鼎，落如分磚；動靜虛實，快慢鬆緊；進退反側，縱橫高低；爭斂道放，鼓蕩開合；伸縮抑揚，提頓吞吐；陰陽邪正，長短、大小、剛柔等都是矛盾的矛盾，錯綜而為，做到元融之元融，反回頭來學初步。

高則揚其身，若有增長收斂之意；低則縮其身，若有鑽捉放縱之形；縱則放其勢，勇往搜索而不返；橫則裹其力，開合大洋側顧左右，無敢抵擋者。

足占七分手占三，身如弓弩拳如彈。

肩撐，肘橫，指彎爪撐，頭項更多增強頂縮力，腰胯如輪，扭銼提旋，交叉互換，膝縱足提，全身力如抽絲

狀。

熊蹲，虎坐，鷹目，猿神，貓行，馬奔，雞腿，蛇身。

靜如潮漲，動似風雲。

態似書生若女郎，偉大猶比項莊王，一聲叱咤風雲響，神情豪放雄且壯。遇敵接觸似虎狼，舉步輕重如履溝壑深萬丈，一面鼓一面蕩，周身無點不彈簧，齒叩足抓似金槍，一經觸覺立時即緊張，如同火藥爆發狀，炸力發出意不亡，無形機變卻又深深暗中藏，閃展進退謹提防，打顧正側絲毫不虛讓，勢均力敵須看對手方，猶如鷹鶻下雞場，翻江倒海不須忙，單鳳朝陽勢占強，撥拈擰挫斷飛煌，勾錯刀叉同互上，腿足提縮似螳螂，揣敵力量有方向，察來勢之機會，度己身之短長，勢如龍駒扭絲韁，谷應山搖一齊撞。

二、拳 式（拳學十二式）

蟄龍探首，進退捲臂，滄海龍吟，波浪三頓首。
半窗觀夜雨，兔起鶻落，澈地追鼠，勒馬聽風。
驚蛇遇敵，怒虎搜山，提弓捉狐，白猿鬥鶴。

三、試 力

由不動中去體會，再由微動中求認識，欲動又欲止，欲止又欲動，有動中不得不止，止中不得不動之意。

站樁與試力是一件事。站樁是試力的縮小，試力是站樁的放大，二者互為因果。

體動為作用，動則靜，守靜則是發動，動靜互根顛倒變化無定，動則有奇趣橫生之感，四體百骸終歸一貫，行動如趟泥，運力如抽絲。

動時不要散了不動時力量之均整，不動時不要減低了動時力量，其作用之巧妙，從體會而得之。

欲上則下，欲下則上；欲前則後，欲後則前；欲左則右，欲右則左，上下前後左右渾然一體。

下欲動上自隨，上欲動下自領，上下動中間攻，中間攻上下合，內外相連，前後左右都相應之動，此為試驗力之功能，力由試而得知，由知而得其所用。

四、發　力

本身發動力量，是否有前後左右上下的平衡均整，具體螺旋的錯綜力量和無往不浪的力量，輕鬆準確，慢中快的惰性力量，是否為本能發動的，不期然而然，莫知至而至的力量。

注意單雙重的鬆緊，單雙重不單指手足而言，頭身、手足、肩肘、膝胯、大小關節、四體百骸，即些微的點力，都含有單雙重鬆緊、虛實、輕重之別，撐三抱七，前四後六，顛倒互用。

發力有形無形，有意無意，有定位，無定位，自動、被動、具體、局部，應用時當別論，各種基礎完備，再學輕鬆準確、具體而微的力量。兩足重量永無定準，發力無論進步發、退步發、順步發、橫步發，及前後、左右、上下百般的發力，都要以前步作後步，以後步作前步，更以

前步做後步之前步，以後步作前步之後步，顛倒互相，虛實為用，前後力量交叉使人不可捉摸（撐抱力、開合力）。

五、實 作

拳技一道尚精神，內要提，外要隨，手腳齊到法為真，意要遠，氣要催，拳似炮，蛇蜷身，應敵猶如火燒身，充華必強骨飾貌須表真，計謀須運劃，精神似霹雷，心毒稱上策，手狠方勝人。何為閃，何為進，進即閃，閃即進，不必遠求尚美觀。何為打，何為顧，顧即打，打即顧，發手即是處。力如火藥拳如彈，靈機一動鳥難飛。

敵不動，我沉靜；敵微動，我先發。

不動如書生，動之如龍虎，發動似迅雷，不及掩耳。

手要靈，足要輕，進退旋轉若貓輕。身要正，目斂精，手足齊到定要贏。手到步不到，打人不為妙。手到步亦到，打人如拔草。上打咽喉，下打陰，左右兩肋在中心。拳打丈外不為遠，近者只在一寸中。手出如巨炮響，足落似樹栽根。眼要毒，手要奸，步踏中門鑽入重心奪敵位，即是神仙亦難防。

鷂子入林燕抄水，虎捉群羊抖威風。取勝四梢均整齊，不勝必有懷疑心。聲東擊西指南打北，上虛下實，靈機自揣摸，左拳出右拳至，單手出，雙手來，拳由心窩去，發向鼻尖前，鼻為中央之土，萬物產生之源，衝開中央全體皆糜，兩手結合迎面出，自然把定五道關。身如弩弓拳如彈，弦響鳥落見奇鮮。遇敵猶如身著火，打破硬進

無遮攔。

推手時必定保持自己中線位置不受侵犯，還須用最大能力控制對方中線，雙手永不離對方鼻口部位，意如牽牛，任我所為。

推手時更須注意步法奪位，往往進半步或退半步，即足以將對方擊出，而並不在於手臂的動作大小。

力量發作都是在一那間，在有形無形，有意無意，有定位和無定位，具體局部，自動被動，具體而微，使力時多半是舉、抗、推、旋、摟、劈、拈、刺。

力

一、總　綱

劈摟搬撥撐，展抗橫抖順；提鏜扒縮，滾錯兜擰，沉托分閉，提頓吞吐。

二、分　布

頭：撐、擰、頂、縮；

肩肘：橫撐（肩撐肘橫）；

手腕：勾、錯、斂、抗；

腰：搖、旋；

胯：坐、銼、旋、提；

膝：撐縱；

足腕：刀叉分刺；

力的運行：其根在腳，發於腿，主於腰，行於手臂。

三、運　用（共44種）

1. 渾元爭力——爭力是無所不爭，四體百骸，大小關節無處不爭，所謂虛虛實實，鬆鬆緊緊，實際上也就是爭力，不爭就使不出力來，宇宙間無處不爭，人身之四肢百骸，無時不爭，總之即渾元一爭。

2. 大氣呼應——使大氣與人體有了呼應關聯的關係，一動一靜都利用它，使它有所反應，站樁日久，內部逐漸膨脹，有與大氣發生聯繫的感覺，這時就易入門了。

3. 渾噩逆體——全身任何地方都像沒有空隙，處處都有逆力，從任何地方來打都不怕，沒有很順當的力量，但又極順當，這也是從矛盾中統一出來的力量。

4. 動靜互根——動靜是一個整體，互為其根，所謂動即是靜，靜即是動，一動一靜互為其根；鬆即是緊，緊即是鬆，鬆緊緊鬆勿過正；虛即是實，實即是虛，虛實實虛得中平，也就是此意天地間沒有中平，哪一個地方都沒有絕對平衡，能夠控制暫時的平衡即是正，也就都是單雙、鬆緊、虛實、輕重、作用力和反作用力，起錯綜複雜的作用。

5. 遒放本同——力量不遒緊，放的力量也就不大，必須是遒得緊，放的力量才能大。欲放先遒，欲遒先放。

6. 有無統一——有無是一件事，有了這件東西，才可預見到它的沒有，從有形的東西中才可預見到沒有的東西，如果沒有就不會知道還會出來什麼東西。總之，有了就有沒有的一天，應當活用。這人與人情道理皆同，自高

231

自大的人，別人一定討厭他；越謙虛別人就越尊敬他，心目中也就有了他。學術、物質、事情、人情都是如此。

7. 順力逆行──手往後拉，力量就出去得遠；手往前指，力量則往後來。

8. 勾錯刀叉──也是包括有形無形兩方面，就形象來說，出手如鋼銼，回手如勾竿（實際上卻還未動），全身如起了大波浪（誰也看不見），全身力量毛髮如戟，胳膊上好像處處都有刀叉一樣。這方面有時不易形容，其中還有精神力量的存在，無形就完全是一種意念的假設，不應該真的做出來，在有意無意之間，不很露形。

9. 不動之動──外形不動，內部就動得越快；外形動得很多，內部反而動得慢了，其原因是不會動。所謂會動也就是一動一靜時，能掌握住動即是靜、靜即是動的原則。不會動的人，初練功時更不應動，不動才是生生不已之動，一動就破壞了真動。如果會動的人，內部是否就更快了呢？這須看怎樣來動，假如能假借地動，頭、手、身、足、肩、肘，都能假借，神動、意動、力量動，但形式上不做出來，那力量就最大，不應從形式上看，這也是動靜互根之意。動靜兩字研究起來沒完，因而做起來就更複雜了。

10.斜正互參──斜面就是正面，而正面也是斜面，由於支撐面的不同，全身關節力量互有影響，但要做到力圓為止，一動是橫，橫即是正面，作用是斜面，但作用時使人看不見，只是緊錯了一下正面與斜面的位置。

11.多面螺旋──全身各部位稍一動作都有螺旋力。

這種力形成原因是，在隨便動作時，全身各大小關節都要有支撐力，所有部位形成鈍形三角。此時，力欲膨脹，又欲收斂，因而全身各地方都起了螺旋力，連腿下也應如此，這種力如同電力一樣，使人碰上就被彈打出很遠。在用這種力時，全身一定先成鈍形三角，然後突然變換方向，如同爆炸，「澎」地一下子就發出了螺旋力。

12.面積虛實──用「不有平面積」及「不是固定的」詞句來解釋面積虛實是不夠的，主要的是使身體各部肌肉保持住如「盤內之珠」，永遠滾動，無停留時候。

13.形曲力直──形不曲則力不直，無法將力量真正運用出來，研究藝術也是如此。在成了直面積時，前後左右就沒有了呼應，形曲則前後左右都有力量，想用到哪裡都行。形不曲則必破體，力量也自然出尖，這種力就沒有什麼用處，甚至不等用上，就被人瓦解了。形曲則力沒有方向，四面都能用上。如美術家畫一塊石頭，若畫出是圓的就沒有意思，而一定要曲曲折折不許有平面積。總之有平面積就沒力量，因之作用也就不大，起伏升降，進退吞吐，把虛實大意表達出來。力直則不易形容，力直就可以說各方面都有力，也可以說是力圓，雖然直去，其中也含有旋繞螺旋，形成波浪式的向前，而表面則不易看出，也可以說是旋繞一條有直的力量。旋繞與直是矛盾的統一，做時也要具體而為，但是沒有力量也不行。

14.神鬆意緊──神鬆易懂，意緊是從鍛鍊中尋求出來的。具體地說，神與意的區別，神為第一信號系統，突然受驚是神動。意是第二信號系統，也就是在受驚之後考

慮怎麼辦，可以說神是本能反應，而意就包含了主觀能動作用。神鬆就是使全身放鬆，無處不鬆，而使筋肉毛髮氣血運行無阻，意緊也就是以意領氣，正由於意緊，才能使氣血運行得更快些。

15.剛柔相濟——剛不是硬，柔不是軟，百煉之鋼，是繞指之柔才算是剛，柔是真剛百煉之剛，真入骨之柔，剛經磨煉才算是剛，表面上硬一碰脆了就不是真剛，也只是硬而已，剛是鍛鍊出來的才能是剛，百折不回，令人不可捉摸，才是剛柔相濟。

16.無形神似——形不動而神意足，與空氣游泳相近似。

17.進退反側——退時步步為營，含蓄待發。進時，一言其進，必定是統全體而具無抽撤游移之形。橫則裹其力開合而莫敢擋。反側與斜角是一個意思，同樣作用左右防備。

18.旋繞撐擰——看著旋繞，實際是撐擰，後拉回縮，前後左右撐擰力全是如此。

19.滾錯雙疊——用滾錯破開對方之力，然後用手擠腕部附近，而被擠之胳臂力量旋轉而向斜方向。這種力是身動、力動、精神動，如果手一動就破體，面貌全非了。

20.半讓半隨——是技擊的力量，是讓又是隨，在半讓半隨之一那，本身力量就發作了（詞句可能不當，待考）。

21.隨讓牽隨——當對方手按在身上時隨著，就牽動對方跟隨走，而重心卻放在自己身上，然後要撐一下就可

把對方撐出，這個力要大膽真做，才能做好。

22. 迎隨緊隨——這個力的作用不大，在實作或發力時都可以用，也就是迎著對方的力又隨著，所以要「緊」，鬆了就不是這種力了。

23. 截讓截迎——隨讓當中有截的作用在內。

24. 空氣游泳——是全身四面八方都有阻力的意思，運用時怎樣增加或減少阻力，如在水中游泳一樣。減少阻力方法全是肩胯的扭錯，一個人的巧妙靈活全在肩胯上，肩胯動腰才能隨著動。空氣游泳也包含有悠揚相依，蓄靈獨存，以聽其濁之意在內，同時也必須是如與物遇，這樣力之發作，收斂才能運用自如。

25. 榔頭拷釘——身如榔頭力如機輪似的連珠發出，所發動是擰著出去，而不是直的，有直線也很短促，不能做出來，做出來力量就不對了。用出之力，不是繼續動，一定要達到意斷神連。

26. 推拉互用——推拉互用，沒有絕對的力量。

27. 控制平衡——控制力鳥難飛，有如拈鳥，用力拈不行，而不用力就飛掉了，所以既不能拈死，也不能使之逃跑，這也就是控制平衡。所以說力如火藥拳如彈，靈機一動鳥難飛，也就像把鳥吸住一樣，這就是控制，使不平衡的得到平衡。天地間的大氣壓力、地心吸力、人體動力，沒有絕對的平衡的，一般稱這種力為蛇動之力或蟒動之力，兔起鶻落，龍潛鷹瞻虎視，靜中之動，動中有靜，一羽不能加，蚊蠅不能落。

28. 單雙輕重——與控制平衡近似，控制平衡是把沒

有平衡的由控制使之平衡，因此，與單雙、鬆緊、虛實、輕重部分有連帶關係。控制平衡也是根據單雙重而來的。

以上共28種力，尚有16種力未做解說：

伸縮抑揚　　起頓吞吐　　縱橫高低　　遠近長短

分閉開合　　提按抗橫　　悠揚撐抱　　翻扣裏摔

沉托提縱　　鑽提搜索　　摔捲惰漲　　舉抗推旋

摟劈鑽刺　　斜面三角　　槓桿滑車　　蓄彈驚炸

詩　　詞

脫肩鬆臂懶束腰，神情意力似黏糕；
一切知感全不要，靜室長鬚赤條條。

站樁從來不喜平，養生自古貴平庸；
神動得自有象外，意存妙在無念中。

渾身肌肉掛青霄，毛髮根根暖風搖；
慧眼默察三千客，凝耳息聽二八嬌。

滄海飛波游龍戲，流雲吐月紫兔嚎；
無窮假借無窮象，早欲蓬壺踏六鰲。
神如霧豹容窺管，氣似靈犀可辟塵。
養生別開面目新，筋含勁力骨存神；
靜如伏豹橫空立，動似騰蛟挾浪奔；
吐納靈源合宇宙，喊聲叱咤走風雲；
不知素問千年後，打破樊籬更多人。

（此詩係薌齋先生的生日期間為編者而寫）。

不動如山嶽，南指如陰陽；
不窮如天地，充實如太倉。

養生不喜平，豈知貴平庸，
身動超象外，法在無念中，
深究術精造，利用虛無空，
意力似猿猴，腳步似貓輕，
神意自內變，力由遠處聽，
不即亦不離，日久便成功。

大法別開生面新，筋合勁力骨存神。
靜如伏豹橫空立，動似騰蛟抉浪奔。
吐納靈源合宇宙，陶容萬象渾乾坤。
承黨栽培千年後，打破樊籬有多人。

眼底於腕都留痕，直取旋繞力橫撐。
矛盾錯綜須統一，精神樁桿要伸長。

拳學理至精，運用在虛空，
靈機自內變，力由遠處聽。
身動似猿捷，踏步如貓輕，
勿忘勿助長，久久自登峰。

身動揮浪舞，意力水面行，
游龍白鶴戲，含笑似蛇驚。
肌肉含動力，神存骨起棱，
風雲吐華月，豪氣貫日虹。

力光閃，捲枯葉，驚嚇天涯鳥飛絕。
裹纏橫繞雲龍蛇，光芒無限力如鐵。
手握提按斜撐錯，足踏泥凝半尺雪。
雷電交加輕也重，眼底心頭掃鯨穴。

精貧出豪舉，得聞慷慨聲，大氣包寰宇，揮浪捲溯風，吳句運起吞長虹，發聲喊，海洋谷應，舞龍象，飛似梨花影。賦長歌，整備山河定，七尺軀，任縱橫，渾一似山崩潮湧，頓開金鎖走蛟龍，打破樊籬舞。

雜　談

一、論養生

我國養生學，歷史悠久，惜多失傳散佚，門派迭出，多至不可名狀，而各有專家獨造之功，以致深奧精老手，都各有其特長。所有理論大都歧正相生，參互為用；而結果多自矛盾、錯綜，辯證再辯證，發揮出人體及多種生物獨賦，特有之精神。

蓋人飛不如禽，走不如獸，故將鳥獸之長，補人身之

短，都是在以形取意，以意象形，顛倒互用，體會操存，逐漸得來些掣電轟雷驚神泣鬼之術，而是學它的精神特能所在。如果學它的形體，則豐度、稟賦、性格特有的良能，就完全銷毀。這種方法是在求神意足，不求形骸似，永遠保持有毛髮如戟之感。

大凡鳥獸的頭項都是靈活堅銳，肩撐，肘橫，指彎，爪擰，而頭項更多增強頂縮力量。腰胯如輪，扭銼提旋，交叉互換，膝縱足提，渾身力量，含有抽絲之狀。察其形大致有熊蹲、虎坐、鷹目、猿神、貓行、馬奔、雞腿、蛇身，會其意，靜如潮漲，動似風雲。先師云：「神如霧豹如窺管，氣似靈犀可辟塵。」這種練功方法，肌肉裏總含有活變動力，骨中存著橫撐擰轉動盪精神力量。力的發作，有形無形，有意無意，有定位無定位，被動，自動，具體局部，可具體而微。

練功時不在於姿勢如何，也不在於勢之繁簡，更不在於次序之先後，要在於精神中支配之虛實大意，以達舒適得力為止。有人問：力量如何以為之活動，上至頭頂，下至足底，都是牽一髮而全身動，上欲動下自隨，下欲動上自領，上下動中間攻，中間攻上下合，前後左右都相連，四體百骸大小關節，手足膝胯都是不期然而然，莫知至而至，五臟之內，亦都有所配合，此之所謂「活力如蛇，游泳相似」。

又有人問：既云養生，又何以為動力？按養生與鍛鍊是一回事，養生基礎已定，就要學習鍛鍊肌肉和力學。養生和鍛鍊雖出一氣之源，然而虛實動靜、有形無形之別，

可就相距懸殊。養生原理是神經穩定，內在舒適，虛靈守默，而應萬變，大致是神好靜而意分擾，意性本定，而欲來亂，實際都是虛象，應當是對境忘境，不墮於庸俗愚昧，居塵出塵，免沉於得失憂懼萬念之中。

有動之動出於不動，有為之為出於無為，無為則神息，神息則萬念俱寂，耳目心意俱忘，即諸妙之圓，與所謂的「耳目生意」頗相近似。

二、論　舞

運動是平易近人的學術，然而理趣無窮。古人大都以射御盡求為基礎，到清初就破壞無餘。從前不論文人武士無不精心研討，文人善拳技，武士多能文。自清初以來，拳學雖被湮滅治盡，而舞道更是久湮不聞，殊不知舞道是啟發人類天賦良能活力的一種學術，也是抒發感情振奮精神的最高藝術，並且可以祛病養生，陶冶性情，更可使愛好者延年益壽。

舞道分四項，游龍、驚蛇、白鶴、揮浪（又稱大氣）。初練時渾身肌肉伸展骨節起棱，頭直，目正，神莊，意靜，手指腕擰，有勾、摟、扭、錯、裏、捲、橫、撐之力；兩足如在泥雪中求動，雙膝提縱，力若抽絲，目光遠望，手底留痕。掌握這些基本動作以後，方可進而學較複雜舞法。

（原載《武魂》2005年第5、6期）

聆聽薌齋先生教誨紀實

　　我從1943年開始習練王薌齋先生的大成拳。因當時尚在少年時期，對大成拳也是一知半解，只知其然，不知其所以然，但對強身健體卻起了一定作用。後雖有人帶我去過薌齋先生家中求教，聽後也是似懂非懂難以理解。從1946年以後，我即在家單獨練習大成拳，幾乎無大進展。20世紀50年代，我在中山公園又見到了王薌齋，在先生親自指導下，又重新系統地習練大成拳。

　　我幾乎每天抽時間去王薌齋先生家中求教聆聽先生教誨，受益匪淺。先生的一些教誨我曾在一些文章中發表過，現再就當時先生的重點教誨紀實公佈如下。

一、薌齋先生對各家拳的評論

　　薌齋先生對中國的拳術日趨衰落深表關心，因此他極力反對把中國拳術的實戰方法丟掉，而只講求花架子不求實效的練功方法。他認為有些拳術在練功時用蠻力的練習方法，不是什麼健身養生，也無從達到實戰效果，而是一種戕生運動。但對太極、形意、八卦、螳螂拳的評價是各有千秋。薌齋先生認為太極拳從楊露禪到楊澄甫其精華仍未失傳。但後世練太極拳者大多逐步走向沒落。

　　太極拳力量運行的根本是「其根在腳，發於腿，主宰

於腰，行於手指」而形成的整體練法，但後世的有些練家往往與先輩留傳的練法相悖謬。例如對「上下相隨，綿綿不斷」的認識不清，往往是上身動作很慢，但下身步子卻很快，上下動作的快慢不協調，這就達不到上下相隨的要求。由於上下不相隨，綿綿不斷則無法形成。

正因為太極拳的一些基本原則被忽略，因而把太極拳動作外觀的是否優美，作為評論太極拳的標準，使太極拳形成了一種表演形式，而丟掉了實戰的價值與作用。

薌齋先生談及形意拳時認為，早年先輩在練習形意拳時，也是注重整體練習，而五形拳的劈、崩、鑽、炮、橫是一種活動方法，形意拳特別強調對神、意、氣、力的練習。在談到形意拳的先輩李洛能（能然）先生與對方交手時，在精神、氣質上叫人望而生畏，在實戰中兩眼放光，冷氣逼人，兩撇小黑胡隨之震動，對方未及交手即被其神氣所壓倒，而喪失了戰鬥能力。及至郭雲深先生的半步崩拳打遍天下無敵手，也都是以神、氣先將對方壓倒，然後再將其擊敗。

薌齋先生早年所創伏虎椿，就是從形意拳脫化而來的，對加強神、意、氣、力的練習大有好處。

薌齋先生對八卦掌比較讚賞，他認為八卦掌的步法沉實、靈活、多變，確有其獨到之處。八卦掌先輩眼鏡程可以踏在眼鏡上健步如飛，足見其功力之純厚。薌齋先生說八卦掌最早只有單、雙換掌，但後世逐漸把八卦掌變得招數繁多，編成了八八六十四掌等眾多招數。這就離原來八卦掌的真髓相距甚遠，也流於招數和形式。薌齋先生早年

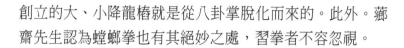

創立的大、小降龍樁就是從八卦掌脫化而來的。此外。薌齋先生認為螳螂拳也有其絕妙之處，習拳者不容忽視。

二、師徒間對大成拳中整體求力與局部求力 的學術爭論

20世紀50年代，薌齋先生對個別弟子分別教功時，對教功時的求力整體觀與局部觀的學術問題發生了爭議。這一爭議的焦點就是薌齋先生認為大成拳的練功求力，應從整體出發，求出的力即是整力；有了整力也就具備了局部各項力的要求。個別師兄則認為如先從整體求力，練功者難以理解，不如分部求力，最後再歸為整體之力，這樣既有局部力又有整體力。

薌齋先生對此說教極力反對，認為這樣練習求力法其效果絕不相同。為此，師徒間為這問題長期爭論不休，未能統一。此即當時大家稱之為大成拳求力學術問題的「一與二」、「二與一」之爭。

1958年前後，由於師徒的學術爭論不統一，廣大練功者也各有所宗。薌齋先生教的學生都按整體求力方法練功，而個別師兄教的學生，則仍以分部求力方法練功。當時處在這樣局面下，我以大成拳練功時如何求分閉力問題求教於薌齋先生。先生教導說：「練大成拳者求這個力時，應把分閉力作為一個整體去認識。分即是閉，閉即是分，分中有閉，閉中有分，二者不可割裂」；而詢及個別師兄時，則謂「練功者求此力時，應允求分力後求閉力，最後使分閉統一起來形成整體。」

在請教薌齋先生對分閉力的運用時，先生叫我真實地向他身上作拳，在我發拳剛接觸到薌齋先生前胸部位的那間，先生用了分閉力，只見先生似笑不笑眼神發亮，沒有什麼大動作，頓時使我感覺到如同觸電一般，身體受到猛烈震動，被彈出一丈多遠。

當我問及先生何以有如此強大威力時，薌齋先生說：「這就是從整體求力的效果，如果把分閉力分步脫節練習，則絕不可能出現這樣的威力。」其他對道放力的運用，薌齋先生教誨說：「道放本同。欲道先放，欲放先道，都必須體現出整體求力的學術思想。」對薌齋先生的學術理論與實際運用的求教嘗試，使我嘆服不已，至今難忘。

三、關於大成拳的作用在於實戰的論述

薌齋先生認為，「既言拳就必須與實戰相結合，如果拳術離開了實戰只注重表演，那就不是真正的拳術而是表演拳」。薌齋先生否定了那些以拳術之名而行表演之實的做法。認為拳術應以實戰為主表演為輔，這樣拳術之真髓不失，又可供大家賞心悅目，收到欣賞的效果。

薌齋先生同時又認為，真正的拳術家，應該既是養生家又是實戰家，而絕不應該把拳術練成了戕生運動。有些人在練拳時耍花架子，頓足、憋氣、捶胸，甚至把地跺得咚咚亂響，給人以兇猛異常的感覺。這種練法首先使練者本身的全身氣息肌肉處於極度緊張的狀態，無法放鬆，長此下去完全達不到拳術養生目的，而形成了戕生運動，而這種練法也得不到真正的實戰效果。

　　薌齋先生又指出：「用什麼招數來破對方的什麼招數，用什麼力來破對方的什麼力」更是謬誤的無稽之談，因而指出「拳本無法。有法也空。一法不立，無法不備」。在進行拳術實戰時，勝敗只在那間事，不可能容你去想用什麼招來破對方招數。即使你準備了些招數，在實戰那間對手變化神速莫測，而所準備的招數絕難以用上。尤其是有著相生相剋的練功方法，與拳術的實戰相去更遠，在實戰中絕不可能出現對方用的是金力，而我則用火力來克服他的局面。

　　這種相生相剋的說法，只是小說演義中述的幻想事情，與真正的拳術功夫是風馬牛不相及的。薌齋先生指出：「只有由大成拳的基本方法練習，從整體中求得各種力，在實戰中才能以不變應萬變，以迅雷不及掩耳的速度將對方擊出。」

　　在實戰應用上薌齋先生教誨說：「拳技一道尚精神，內要提外要隨，手腳齊到法為真。意要遠，氣要催，拳似炮，蛇蜷身，應敵猶如火燒身。充華必強骨，飾貌須表真，計謀須運劃，精神似霹靂，心毒稱上策，手狠方勝人。何為閃，何為進・進即閃，閃即進。何為打，何為顧，顧即打，打即顧，出手即是處。力如火藥拳如彈，靈機一動鳥難騰。」

　　這說明了大成拳實戰中，所應具有的心態，從而才可取得實戰的效果。這種效果絕不是練花架子所能求得，而必須在大成拳的實際練習中具有各種力後，才能運用到實戰的需要中去。

四、拳學的不斷進步與拳學理論的發展有著 不可分的關係

1926年，薌齋先生在上海時所著《意拳正軌》一書，在內地早已散失無存。為了發掘整理薌齋先生的早年拳學著作，1961年薌齋先生在河北省保定市河北中醫研究院工作期間，經河北省衛生廳長段慧軒幫助，薌齋先生回憶早年著作《意拳正軌》可能存在下落時，提出在香港的梁子鵬先生處可能收藏此書。經聯繫，由香港的李英昂先生將此書的抄本寄至保定，經院方審閱，該書中薌齋先生當年提到了續氣、養氣、周天搬運法等，而這些方法，已是薌齋先生在工作期間認定是錯誤的，並加以批判，是不可取的方法。

薌齋先生不惜暴露一己之失，以免後人走彎路，這一求實的科學對待學術的態度，是為後人的學習榜樣。也由此可看出薌齋先生對1944年所著《大成拳論》持肯定態度是無可爭辯的事實，因為從薌齋先生的日常教誨中，他對拳學的態度不是故步自封、墨守成規，直到晚年他仍強調「對拳學這門科學，我懂了沒懂，入門沒入門，仍是個疑問。」薌齋先生對拳學造詣頗深，仍能以客觀的科學態度認識拳學，實讓後來者應有所借鑒。

當時《意拳正軌》一書的抄本副件，由段慧軒給我寄到北京，囑我親手轉給姚宗勳先生審閱。以後由姚宗勳的學生白金甲用仿宋體字複寫多份，每份上都有姚宗勳先生的批註，讚揚了薌齋先生對待早年拳學著作的「棄者棄，

立者立」的批判態度。

五、薌齋先生反對以封建迷信邪術騙人的實例

薌齋先生為我國著名養生家、拳術家，造詣頗深。他用拳術發力發人及用養生樁治病都堪稱一絕，使人嘆服不已。薌齋先生常說拳術、養生都具有科學道理，拳術能將人擊出即是破壞了被擊者平衡所致，養生功法能治病即是調整了患者人體內部臟腑、機能平衡所致，並無任何神秘可言。薌齋先生堅決反對把拳術及養生氣功掛上封建迷信色彩，每遇及此常以善言相勸，囑其莫以巫術騙人，不聽勸阻者則敢揭露其偽於光天化日之下。

昔有一劉姓老翁與薌齋先生為故交，甚信仰拳術及氣功，但不善辨別真偽，每遇能人務必請至家中款待，並在鄉里間為其傳名，親自拜師學藝。某日有一「道士」模樣者，登門自薦稱自己有張三豐白日飛升前密傳絕技氣功，可在蒲團上打坐七日夜不寢不食。劉翁等信其言，待如上賓，數日後，「道士」開始在蒲團上打坐練功，果然七日夜不寢不食，一時在鄉里間傳為奇聞。

薌齋先生與劉翁交誼甚厚，一日來訪，劉翁述及「道士」絕技，讚歎不已。薌齋先生不禁啞然失笑，謂劉翁受騙。在劉翁將信將疑之際，先生開始與「道士」交談，要親睹「道士」練功，但必須有兩個條件，其一，要更換蒲團；其二，派人日夜輪流守候至七日夜期滿。「道士」聞言驚慌失色，汗出淋淋，急欲告退。

先生當眾揭示其偽，指出蒲團內有暗藏食物，待夜深

入靜眾人就寢後，「道士」又吃又睡，只要稍加機警即可施術騙人。「道士」聞言狼狽遁去。薌齋先生出言嚇跑練功「老道」，一時傳為趣談。

六、薌齋先生的「丹田」試驗法

1957年以後，有人一提起氣功必定和「意守丹田」聯繫起來，「丹田」之說風靡一時。而丹田究竟在何部位眾說紛紜，鮮有能道其詳者。有的說在臍下一寸五，有的說在臍下一寸三，有的說臍下二寸五或二寸三，而有的則稱在臍內一寸五。說法各異，莫衷一是。

薌齋先生面對眾人說教，則力排眾議，認為種田的人都清楚，種麥子的地稱為麥田，種棉花的地稱為棉田。而「丹田」顧名思義，則為存「丹」之處。先生認為「丹」為何物？誰曾見過均無從證實，認為丹田之說源於道家，而道家常以練「丹」之術可以長生不老欺騙世人。

薌齋先生曾講了一個中醫界流傳的故事：有個皇帝為求長生不老之術求教於道士，道士給皇帝服了所煉的一粒紅色的「丹」，皇帝服後不久即斃命，中醫界遂傳有「紅丸一下命歸西」的警世詩句留傳後世。

我當時以丹田之說既廣為流傳，有無可信之處求教先生。先生遂授以「丹田」試驗法，試驗時以手背住被試者的所謂「丹田」部位略加擠蹭時，即有反應，我有幸請先生在我腹上做個試驗，在先生稍加擠蹭時，我頓時感到兩眼冒金花，全身震顫難以支撐。

我不解其意而請教先生。先生教誨說：「我所用者僅

為拳術上的輕微發力，你就難以忍耐。若以拳術重發力擊之，非立即斃命亦成重傷，這足以證明，並無丹田之存在。」先生之一席話使我頓開茅塞。

　　現在薌齋先生逝世已經三十餘年。先生當年的教誨時時在耳邊回蕩。事實已經說明，先生的教誨大都被證實是正確的。隨著歲月的流逝，先生對某些問題的提法可能有不恰當之處，但他追求科學的精神和態度，值得後人敬仰。我作為薌齋先生的弟子，不敢久藏其密，願將當時先生的教誨重點紀實公佈於眾，以饗有志研究大成拳的讀者。

（原載於《武魂》2000年12期）

王薌齋先生留下的一個「謎」

　　薌齋先生早年間曾與多個外國拳技高手比試過，如西洋拳世界冠軍英格、傑姆士及日本武技高手八田宇作美、澤井健一等，均擊敗對方。薌齋先生在世時，我曾詢問過這些往事。我問薌齋先生，在當時比試中按先生的身體條件包括身高、體重等，與這些人的身體條件根本不成比例，先生是如何取得勝利的。

　　薌齋先生當時打了個比喻說：孩子們玩的陀螺，在轉起來時速度非常快，但從外形上看卻似不動，如果你把一片紙扔上去，立即就可能被陀螺擊出很遠，我所用的力幾乎與急速旋轉陀螺的原理一樣，在極速度所發出之力從外形上不易看出，但其威力卻很大。

　　我問先生如何求得這種力時，先生說了一句「有形有意都是假，做到無心始見奇」。薌齋先生說必須在極高境界下才能求得此力，我聽後感覺是似懂非懂。

　　我又請教先生按一般學術發展規律來說都強調「青出於藍而勝於藍」。先生的弟子眾多，堪稱桃李滿天下，是否有一個弟子能超過先生或與先生高超的拳技相等。

　　薌齋先生當時持否定態度，並說：「非為我不教，而是大多數弟子練拳達到一個較高水準程度時，由於自滿心理不再繼續求進取，而又不具備求更高級練法條件，也只

有令我徒喚奈何而已。」

在一次與薌齋先生閒聊天時，我頌揚先生武功蓋世，世人也非常崇敬先生，但人的生老病死是事物發展的必然規律。先生過去與外國高手比試時屢操勝券，一個原因是先生正在壯年時期，再者武功也正是爐火純青之時，不能與現今同日而語。先生現已七旬有餘，人已老矣，還能否逞當年雄威？

因我與薌齋先生相處，情同父子說話較隨便，薌齋先生對我的發問並不計較，而笑著問：「怎麼樣，要聽聽勁嗎？」我連笑著回答：「不敢不敢。」先生說：「叫你嘗嘗我的威力並不減當年，你可以用在練大成拳求得的各種力猛地往我身上打擊。」

開始我想先生年紀大了，而我正在年輕，沒敢用力試了一下。先生有點生氣了，叫我放開了往他身上作拳，不許含糊。我開始向薌齋先生猛烈地發力，只見先生似笑不笑，也沒見有什麼大動而我卻被擊出一丈多遠，從先生屋中的大木榻翻了過去，有如被電擊打的感覺。

我問先生何以有如此巨大威力，先生告訴我這是從整體求力的結果，並再一次強調了「有形有意都是假，做到無心始見奇」高境界發力的結果。

我繼而向先生求教應如何才能練出此力，薌齋先生嚴肅地對我說：「從你目前掌握練大成拳的功力來看，離練到如此地步還相距甚遠，有些東西你還根本不理解，我怎麼傳授？」薌齋先生說：「我現在想打你，你既無反抗能力，而且你想跑也跑不掉的。」薌齋先生出手可隨意控制

我，確實像先生所說的一樣。薌齋先生鼓勵我認真練功，求得更大進步。

我當時明白了一個根本問題，薌齋先生所傳功法，必須練功者條件具備和有一定接受能力時，薌齋先生才能傳授。薌齋先生這種科學的求實學風使我受到很大教育。薌齋先生還囑咐我在練功時多細緻深入領悟一些大成拳拳學理論，並格外提醒我領悟「道法自然」及「有動之動出於不動，有為之為出於無為，無為則神息，神息則萬念俱寂，耳目心意俱忘即諸妙之圓」。

薌齋先生去世多年，我對先生的遺訓領悟不多，實感愧對先生。直到現在，薌齋先生的發力動作仍在我心中成為一個「謎」。

（原載《武魂》2004年第5期）

薌齋先生逝世後大成拳的走向

（2007年12月6日）

　　薌齋先生在世時，曾對我說：「我在世時大成拳是一家，如果我去世後，大成拳將成百家。」當時對薌齋先生所說的話，我是從積極意義方面理解的，那就是薌齋先生去世後，後世練大成拳者，無論從學術思想等各方面，都會出現一個「百花齊放，百家爭鳴」豔陽天的大好時代，定會團結在大成拳的旗幟下，使大成拳不斷發展。但事與願違，薌齋先生去世後，大成拳卻出現了各自為政，分崩離析的局面。現就幾個方面加以引述。

一、大成拳的整體被破壞

　　大成拳的淵源，是從形意拳脫化為「意拳」的。1926年，薌齋先生在上海著有《意拳正軌》加以說明。1944年，薌齋先生在北京中南海萬字廊居住時，認為「意拳」中糟粕太多，又「博採各家拳術之長，去粗取精，去偽存真，參研究討，彙集一爐」（薌齋先生語），重新寫了一本拳學著作，名為《拳道中樞》，以後又在老師兄楊德茂、姚宗勳等多人的參加下，最後定名為《大成拳論》，一直沿襲至今。

　　1961年間，姚宗勳師兄在公園教功時，由於對他自己

253

新中國成立前的某些政治歷史問題有顧慮，感覺不便再用大成拳之名，就叫我去向薌齋先生解釋，後經薌齋先生許諾他本人改回「意拳」，而其他師兄弟包括薌齋先生仍用大成拳之名未變。現在對大成拳、意拳的種種說教都不真實，是有人偽造的。見1990年我在《中華武術》第三期發表的《大成拳、意拳同出一轍嗎》一文。

二、薌齋先生在世時，一貫反對「師承系譜」

薌齋先生在世時，一貫反對「師承系譜」，曾寫過《解除師徒制之榷商》一文，但在20世紀80年代初有楊某某等數人為了拉幫結派，偽造了一份「師承系譜」，把薌齋先生的弟子打亂，偽造了一些薌齋先生傳人，並在總工會體育部出版的《站樁療法彙編》一書中刊載。

我當時找到體育部負責人，指出該「師承系譜」是偽造之品。負責人當時把已出版之書（除已銷售者外）全部收回。見1990年第4期發表的《重讀〈解除師徒制之榷商〉有感》一文。

偽造「師承系譜」者用發功、放氣給人治病，又稱發功放氣治病係薌齋先生秘傳功法，並與當時社會上某些反動的發功放氣功法傳授者爭奪功法來源之名。他們實質上想把大成拳引向邪路。見此情況，我在1987年第7期《中華武術》上發表文章，題為《矛盾老人——王薌齋》，指出其發功放氣，妄稱正統，以正確的薌齋先生拳學思想，駁斥了把薌齋先生拳學思想引向邪路之妄圖，為大成拳正名。

三、大成拳「力」的運行機制

透過在《武魂》雜誌發表的《大成拳「力」的運行機制》一文，體現了薌齋先生1957年自稱「大成拳是人體動力學」的拳學思想，為練大成拳站樁、試力、技擊，明確了基本方向。

四、王薌齋先生的指導練功詩詞

薌齋先生把詩詞當做教人練功的一種手段，而其所寫詩詞格調與一般詩詞的格調不同，有一種英武之氣概。現竟有人在其偽造的薌齋先生著作《意拳論》中，把「衣帶漸寬人不悔，為伊消得人憔悴」、「眾裏尋她千百度，驀然回首，那人卻在燈火闌珊處」這些他人的詞句，硬說成是薌齋先生指導練功的說教，與薌齋先生「力光閃，摧枯葉，驚嚇天涯鳥飛絕」的多種練功詩詞相抗衡，實有謬之千里之別。

此外，他們還篡改薌齋先生的詩詞內容，使其變得非驢非馬。如果以這種偽造的文章及詩詞內容留傳後世，薌齋先生的拳學學術將被毀於一旦。

（原載於《武魂》2009年第1期）

附 錄

信件往來摘登

李師融致王選傑（節錄）

選傑先生：

您好！我是大成拳的一個後學者……我出於寫文章的需要，想弄清王薌齋先生幾篇文章的寫作年代及原文的標題，請教於先生，望不吝賜教。

1.《大成拳研究》1992年第1期發表王薌齋先生的《大成拳站樁功》是什麼年代的作品，原標題是否如此，或編者為其補上的標題？這是王薌齋先生使用「大成拳」之名的鐵證，反駁某些人說薌老要改名意拳是個證據，故請弄清實情。

2.《精武》1991年第5期發表《論存意與養氣》，第一句是「大成拳主張神、氣、意、形、力並重」之語，也是薌老不主張用意拳之名的佐證，但此文寫於何年，發表時未注明。文中的「大成拳」是原文有的，或後人發表時加的？請見示。

3. 張禮義先生所編的《大成拳精要》內有王薌齋遺著《拳學新編》、《拳道中樞》，此二文各寫於何年？看來可能在1944年《大成拳論》之後寫的，也請告知，以便

引用時有以為據。

謝謝！

後學　李師融

1992.8.1

王選傑致何鏡平

鏡平兄：

您好！現有一事，海南李師融來信問我幾個問題，我不清楚，故請你幫助回覆一下。你寫好回覆的信，直接寄給他或送給我再寄都可以。

再：劉惠江到現在還未來京，他來京我一定給你打電話一起商談。

祝

近　安

王選傑

1992.8.17

何鏡平致王選傑

選傑師弟鑒：

來函悉，轉來海南李師融先生所提問題，閱後特作覆如下：

一、所問《大成拳站樁功》發表年代。經查：王薌齋先生發表《站樁功》一文，係在1961年11月，當時發表在

河北省中醫研究院出版的《中醫學術參考資料第七輯》中的第45～50頁，該文闡述了有關大成拳站樁功的養生部分。這篇著作是王薌齋先生晚年以大成拳為醫療手段的學術思想結構的具體體現。

二、所問大成拳「主張神、氣、意、形、力」一語的情況。據查：王薌齋先生的該項立論，散見在王薌齋先生的全部著作之中，尤其以《大成拳論》對此觀點發揮得更為明確。此項立論絕非後人所加，係先師全部拳學思想組成之一部分。

三、所問有關薌齋先生早年著作情況。據悉，《拳學新編》一著恐有訛傳，此篇並非王薌齋先生手著，而是由其弟子齊執度所寫，薌齋先生未予反對；而《拳道中樞》係王薌齋先生於1926年在上海時，與《意拳正軌》在前後期所寫，而《大成拳論》係1944年王薌齋先生住在北京中南海萬字廊時有關拳學方面的最後巨著。至於以後所寫的《站樁漫談》、《習拳一得》，均非出於王薌齋先生之手筆，係由孫文青等人所寫，王薌齋對其著中之多方面均持否定態度。

據上所述，我認為當前再為大成拳、意拳進行爭論已無必要，因為王薌齋先生從1944年著《大成拳論》之後，已將意拳否定，而現在意拳之說又掀起爭論的波瀾，甚至想以意拳為正統壓倒大成拳，這是不可能的。姚宗勳先生雖已去世，但當時的知情人尚在。姚宗勳先生由於某種原因不再便於用「大成拳」之名，而委託我代向薌齋先生請示，薌齋先生為其苦於生計才允諾「意拳」名稱，只限於

姚宗勳使用，而大成拳名並未因此而變更。後來姚宗勳著
《意拳》一書時，每寫一篇，由其當時弟子白金甲送一篇
到我家，由我參閱。如果白金甲能尊重事實的話，也完全
可以證明此事。總之，王薌齋先生的後生們，應切記王薌
齋先生生前的一句話：「我活著時，大成拳（當時親口這
樣講的）是一家，我死後，大成拳將成百家。」望大成拳
的後生們，莫要違背師訓，以攪擾薌齋先生於九泉之下也
永不得瞑目。

　　此祝

　　　　秋　祺

　　　　　　　　　　　　　　　　師兄　何鏡平
　　　　　　　　　　　　　　　　1992.8.22

鄧昌成致何鏡平

　　何鏡平前輩大鑒：

　　兩月前曾寄上一函，未見覆，甚念。曾請教問題如
下：

　　1. 王老教站樁時，對每個樁的站式都沒有名稱，那
後來名稱是怎樣及如何起的？

　　2. 從你歷來的看法，如下的名稱，應以哪個最合
適？

　　(1)「扶」按；(2)「俯」按；(3)「浮」按？

　　3. 學習意拳的程式應該如何安排？

　　4. 你文章提到最初跟王老學拳時，站的樁我們未認

識，煩請詳細告訴，如文章說不來，可否畫或拍照？你說在初練拳時，薌齋先生講了些樁法，我記得有(1)三台樁（什麼是三台樁）；(2)三才樁；(3)子午樁；(4)六合樁。

5. 還有，應寫作「肩架」還是「間架」？

謝謝你！

晚 鄧昌成敬上

2007.6.22

何鏡平致鄧昌成

鄧昌成先生：

來信悉。

從今年初患病以來，迄今未癒，故未作覆。

所詢問題，簡要覆下：

一、向薌老習拳時所述樁法，因年代久遠，又早已廢除，實無研習必要，薌老晚年統稱為渾圓樁。

二、薌老宣導的「大成拳」與今日姚宗勳先生的「意拳」內容略有不同，不便妄加評介。

三、所詢樁法名稱等，在香港出版的《意拳匯綜》一書，曾由姚宗勳師兄有所演示，請參閱。

四、你現與霍震寰先生還有交往嗎？請代為問候。

祝

好

何鏡平

2007.7.8

鄧昌成致何鏡平

何鏡平前輩大鑒：

我們這次周年大會未能請得先生來做講座，實是我們的莫大損失。聞你的一章舊作《意拳要點》將在下期《武魂》登出，這實是非常令人振奮的消息，因你這篇文章，我們拜讀已久，能見正本，當為之雀躍不已也。

近期我們對最近曝光的一篇文章《斷手述要》議論紛紛，究竟是不是王老的作品，希何師能給我寶貴意見。

鄧昌成

2005.4.26

何鏡平致鄧昌成

鄧昌成先生鑒：

來信敬悉，此次因病未能去港，實感愧疚，有望先生見諒。

所編著的《薌師日語隨筆》被改為《意拳要點》後，發覺其中訛誤甚多，經有來信詢問者，因版本較不同，實難應對，故將原本交《武魂》刊出，可由持不同版本者參照修改，以維護薌師拳學思想原貌，免於訛誤流傳，貽害後人。

先生詢及《斷手述要》一文，過去從未聽薌師說過有此著作，經詢于永年師兄，明指該文不符合薌齋先生寫作

文筆，是偽託之作。余觀之，該文寫作筆法用語，與薌師著文筆法迥異，例如，該文之「半窗觀橫雨」，絕非薌師之真句。薌師拳學十二式中是「半窗觀夜雨」，是用意境來理解的，「半窗」是突出了並非「全窗」；「夜」是表達了「靜」的意境，而「雨」則表達了「動」的意境，這些都深邃地表達出薌師拳學的哲理性。

《斷手述要》一文，既不合薌師寫作筆法，其粗淺文字也不合薌師的性格人品，純係偽託之作，若任其傳播下去，必定造成薌師拳學思想的混亂，令後人練拳時真偽難辨，貽害無窮。以上意見僅供參考。

祝

夏　安

何鏡平

2005.5.8

鄧昌成致何鏡平

何鏡平老師：

大劄敬悉，照片亦收到，至感老師樁法渾厚大方，誠薌老遺風。

附來文章中有一點，一直是我無法解答的，就是「二、拳式（拳學十二式）所列的十二名稱，是樁式還是拳的動作，是否單操？有明確既定的動作嗎？希望便中能見告。

晚

鄧昌成

2005.7.25

何鏡平致鄧昌成

鄧昌成先生：

來信悉，因近日北京暑熱難耐，在親戚家休息一段，故未及時作覆。

先生所詢拳學十二式，根據薌師講述，概略回答如下：

拳學十二式中，有表達樁法意境練法的，也有表達動作內容的。如「勒馬聽風」中之「勒馬」，表達了「靜」的意境，而「聽風」則表達傾聽「風動」的意境，是表達了動靜結合的意境；又如「半窗觀夜雨」，也是表達了動靜結合，「半窗」表達不是推開全窗，能集中精力於一點的觀看「夜」的安靜，同時又表達出「雨」的動態。這種練法如達不到練功深邃的程度，是達不到盡善盡美的。又如「進退捲臂」在大成拳動作練功中體現出來的，首先使身體處在「下實上虛」的動作中，體現出以下帶上「力」的運作，無論是進步或退步，都能體會出雙臂緩慢的纏繞動作，但必須保持在「力」的以下帶上實練中進行，而絕不能只單體會注意雙臂的纏繞動作，而丟掉了以下帶上的根本，形成了本末倒置的錯誤練習法。因這十二式中有的用樁法練，有的用動作練習，信中難以解釋清楚，希望先生能依此自行揣摩，觸類旁通，進行研練。

總之，無論是樁法或動作，都不能脫離大成拳的鬆緊、動靜、剛柔、虛實、上下、前後、左右及意念的基本拳學思想理論法則，而動作都是按「項目」隨意設想練出，而絕不能理解是一招一式單純動作的練法，切記為要！

此祝

　　夏　安

何鏡平

2005.8.11

何鏡平致鄧昌成（原信未注明日期）

鄧昌成先生鑒：

來信悉。目前一切安順，請勿念。謝謝！

信中所詢事項，我曾在《武魂》雜誌2003年7期發表過題為《我向王薌齋先生習拳》上下兩部，隨信寄去，請參閱。

另所詢拳擊一事，薌齋先生從未教過拳擊，但他不反對拳擊，認為有可借鑒之處。主要是姚宗勳師兄教拳擊，並一併教打手把、腳把之技。另早年尤彭熙師兄在上海時也教過拳擊。以上是盡我所知作覆，請參考。

即祝

　　春　安

何鏡平

王薌齋論大成拳站樁功

（一九六三年元月二十六日）

王薌齋

　　養生之歷史悠久，方法繁多，鍛鍊方式雖各有不同，但總的目的都是為了卻病延年，防止早衰。回憶數十年來我對養生之術的學習和鍛鍊，自覺簡而易行，受益最大的是站樁（也叫養生樁）。

　　站樁的姿勢大體上可分為站式、坐式、臥式、行走式、半伏式等類型，每一個類型，又可分成幾種甚至幾十種不同的姿勢。雖然姿勢種類繁多，但是除行走式以外，都有一個共同的特點，就是開始練功時，要做到閉目、凝神、靜氣，然後慢慢地把姿勢擺好，使軀幹四肢一直保持不動，直到鍛鍊結束。

　　初練站樁的人，可以先練站式。站式練功開始時，要兩腳八字形分開，寬與肩齊，兩腿保持一定的彎曲度，臀部似坐，再把雙手慢慢抬起，抬手的位置要求是高不過眉，低稍過臍，遠不過尺，近不貼身，臂半圓，腋半虛，左手不往身右來，右手不往身左去，在這些範圍內做動作的變化。

　　站樁每天可做二、三次，開始每次可做十分鐘左右，以後逐漸延長到四十分鐘。

現就站樁幾個問題，談談個人一些體會。

一、站樁（養生樁）的起源和作用

養生樁是由我國形意拳的站樁演變而來的，所謂「形意」者，即是以形取意，以意象形，意自形生，形隨意轉，也就是形體、精神同時鍛鍊的一種基本運動。

他的主要作用一方面能使中樞神經得到休息，一方面能促進血液循環，增強各個系統的新陳代謝。中樞神經得到了充分休息，調節功能就會加強，血液循環加速和新陳代謝增強，使五臟六腑、四肢百骸得到充分的灌溉，如果全身潤澤，生機旺盛，就能達到卻病延年的目的。

二、養生樁的特點

健身之術雖然繁多，但總的不外乎兩大類，即動靜兩種功法。一般來說，動功是強身健骨的體育活動，靜功多是鍛鍊內在的真氣，充實三寶（精、氣、神）。

站樁是精神、形體同時鍛鍊的一種功法，它的主要特點是在練功的時候，不一定要注意呼吸和意守丹田，一般由姿勢、動靜虛實調配與適宜的意念活動，就可以達到腹式呼吸的要求和入靜的目的。

在鍛鍊中，雖然講究形式，但不必拘泥，雖言意念，但不必執著，它不僅能鍛鍊體力，而且簡便易行，容易掌握，無論行、坐、臥、立，隨時隨地都可以練功。

三、姿勢和時間的掌握

養生樁雖然是一種靜中求動、動中求靜的工夫，初學者必須按照一定的姿勢做下去，但也不宜固定時間，可以根據體質的強弱和不同病情給以適當的安排，不要超過學者本身的負擔能力。

一般說來姿勢不宜多，因為在神靜、氣平、姿勢安定後，血液循環開始加速，當內部正在運動變化時姿勢突然一變，能將內在的運動打亂，所以先師一再提醒我們「大動不如小動，小動不如不動，不動之動才是生生不已之動」。但是，若真正掌握了內在的運行規律，能在形體的變動中，毫不減低記憶體的運動時，則可隨意變更，不受姿勢的限制，先師所謂「只求神意足，不求形骸似」就是這個意思。

練功時間最好讓學者自己掌握，如覺輕鬆愉快，全身舒適，則可多站些時間；如感到疲勞不適，或者神思煩亂，則必須停止練功，不要勉強支持下去。

四、鬆緊問題

站樁是一種無力中求有力，不動中求微動，微動中求速動的運動，形體愈鬆，血液循環愈速，氣力增長愈快，如用力則身心發緊，全身失靈，甚至有血氣阻塞之弊，這種力量主要是精神的、無形的，如有形著力，則失去運動的本質。

故先師再告訴我們：「有形則破體，無形則聚神」，

也就是說形體儘量地放鬆，精神儘量地收斂，雖外形拙笨而神意靈巧，功行久者，自有體會。

五、肌肉鍛鍊

肌肉若一是鍛鍊中進一步的功夫，這與上述有密切的關係，就是姿勢改變一點，使肌肉的運動進一步增強。若沒有這步功夫做基礎，任何動作也沒有耐勞和持久的能力。但是在肌肉鍛鍊的同時，而不應該放棄精神的修養，仍是以形為本，以意為用，如此加強運動即可減輕疲勞。

減輕疲勞正是為了加強運動，所以應該把鍛鍊和休息看成是一件事，但要調配適當，使學者在不知不覺中增強持久耐勞能力，並要注意到在加強鍛鍊的同時，要儘量減少大腦和心臟的負擔，以舒適得力為原則。

六、調配原則

1. 姿勢調配。姿勢的變化建立在意識基礎上，反過來說，形式也可以改變意識，所謂「意自形生，形隨意轉」的基本道理就在這裏。在調配方面，根據學者的具體情況，不外乎高低、左右、單雙重，不論頭、手、身、肩、肘、足、膝、胯等都要有單雙、鬆緊、虛實、輕重之別，凡是精微細小之處都要如此。

2. 內臟調配的關鍵是意念領導，心理影響生理，生理作用心理，互相為用。這種調配必須經由學者的主訴後，從意念上給以暗示，必要時也可以由肌體的局部調配而直接影響某一臟器。

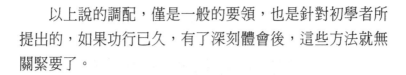

以上說的調配，僅是一般的要領，也是針對初學者所提出的，如果功行已久，有了深刻體會後，這些方法就無關緊要了。

七、克制雜念問題

因為這種運動是一種雙重鍛鍊，不僅鍛鍊肌體，而且能馴服神經，所以克除雜念也是比較重要的。但是人的思維是最廣泛的，尤其成年人雜念更多，一般說來，排除雜念最不容易的，因此多數學養生者，都把清除雜念，看成是一個較困難的問題。

注意致力追求入靜，但卻不知追求愈急，精神負擔愈大，以賊攻賊，賊去賊入，前念未消，後念復起，為此養生學家設有許多方法，如外害、內托、固守一處等，對初學者有許多幫助。但以本人的體驗，唯有將用任其自然，不加克制，來者不拒，去者不留的方法，才能恢復和穩定神經。在雜念干擾厲害的時候，不但不有意識地排除，而且大量吸收，本身好像烘爐大冶一樣，宇宙間的萬物盡在我的陶熔中，這樣往往在不期卻而卻，不期制而制的情況下達到入靜。

以上的介紹僅是站功的大略情況，只能參考，不可執以為法，要想求其精義，必須親身鍛鍊以體驗之。

渾圓樁醫療患者自述

曹金雲自述

（1956年3月3日，住北京打磨廠166號）

男，55歲。現實病況：本人實歲13歲結婚。以後工作辛苦，用腦過度，造成頭暈，不能用腦；兩腿走路不穩無力；睡下、坐下身子感覺動搖；作怪夢，睡不踏實；右膝蓋、右肩頭發涼，腰眼無力。查眼底發現血管硬化，血壓高壓170～200，低壓85～110。自1953年3月份患病至今已三載，期間經過中西醫治療。

站樁治療經過：初來時第一次能站5分鐘，也不能合眼睛，第二、三天能半合眼睛，能一次站15分鐘了。第四、五天能全合眼站45分鐘了，也不感覺頭暈了，腿走路也有點力了。第7天1次能站50分鐘了。早晨能站兩三次，有時回家也站一兩次。

因病好得很快，所以站得特別有興趣，精神也特別見好轉。現在還是只站一種姿勢，站到十天的時候，能一次站50分鐘至一個小時，現在腳更有力了。初來時腳不敢走路，走平路都走不穩，現在走平路都不怕了。每次站到一個多小時的時候，身體特別感覺舒服，站到半個月的時候，每次能站到一個多小時至兩個小時，早晨能站兩三

次，身上肌肉跳動的比較以前輕了，只有左臂還有點麻。過去躺在床上，看什麼東西都在動，現在不感覺了，睡眠也好了。過去血壓高壓185至165，低壓100，現在高壓155～150，低壓90。

練到兩個月的時候，最多一次站到2小時零20分鐘，體會也更深刻了，我的右手中指，很多年前就彎了，不能伸直，現在無形中也能伸直了，真的很奇怪，這也完全證明這種運動能使身體大小關節起變化，使血液循環加強，大腦能得到休息。過去腸胃不好，現在飯量增加，吃東西也知道香了，這真是我做夢也想不到的事。我的現狀，讓我相信這種站樁療法太寶貴了！

趙日輝自述

（1959年4月6日，住北京西直門外新官房7號）

今年34歲。現實病況：1958年10月31日確診患急性肝炎，住院22天，吃中西藥合治。出院後在肝炎恢復期，肝部吃東西後或累時，稍有痛；消化不良，大便每日二、三次，稀；腸胃弱，不能吃餅、麵條和較硬的食物。

1959年2月15日肝功檢查TTT7個單位，膽紅質0.3，黃疸5個單位。自1959年3月3日開始站樁至4月5日。剛開始六七天時煩躁，站樁十天以後，雙手發熱發麻，心情比較穩定，身體也感覺較舒適了，睡眠也比前月好，但尚有時做夢。1959年3月25日肝功檢查TTT4個單位，膽紅質1.2，黃疸3個單位。

沈琳自述

（1958年9月8日，住北京新街口水車胡同9號）

58歲，教師。我是一個長期高血壓兼神經衰弱病患者，五、六年來的血壓經常高壓在170～180，低壓100～110；頭常痛，眼常花，耳鳴，舌麻，兼之終夜失眠，痛苦不堪。雖經年中西醫治療，效果不好。去年秋天到今年春天，失眠症更加劇，各種安眠藥片對我已失去作用。

4月中，由朋友介紹到中山公園王薌齋老師處學習站椿，開始時信心實在是不足的，姑且試試。可是經王老師的細心指導，根據病情調配各種站的姿勢，一個月之後，同學們說我的臉色大有轉變，而我自身還不感覺怎樣。兩個月的光景，自覺步履比較輕鬆，眼花略好，信心跟著加強起來。到第三個月，睡眠頗有好轉，中午睡一小時，晚間睡三四小時，逐漸增至七八個小時。血壓也降低了，高壓140，低壓80，基本上接近正常。舌尖麻木減輕，尤可高興的是十幾年的耳鳴病已不鳴了。現在雖然還有些病未見消除，但我有信心，長此下去，就一定能戰勝疾病。

劉鶴自述

（1956年）

女，25歲，工作單位北京市婦聯。16歲（1946年）患上風濕性關節炎。1947年到協和醫院治療，診斷為多發性關節炎及風濕熱。後來還看過中醫，無論西醫還是中醫，找的都是一些很有名氣的大夫，但效果都不好。1949年後，此病更嚴重了，全身關節痛，頭也痛，有時發高燒，

有時暈，去過多家醫院，試過多種療法，如：電療、血療（就是把自己的血抽出再打上）、組織療法、針灸療法、水療法（躺在37度的溫水池子裏，15分鐘後出來）等等。特別是在一家醫院，說這病是由扁桃腺炎引起的，於是就把我的扁桃體切掉了。種種辦法都試過，結果身體更軟弱，站也站不住，精神壞極了，自己想已成廢人了。

　　我弟弟的同學說他的關節炎在中山公園做體育療法治好了，願介紹我去。當時我不相信，但因也沒有其他的辦法醫治，就想去試試。初到公園，頭暈眼花，有點站不住，四五天後，情況漸好，能站15分鐘，做的只是一個預備姿勢；十天後，胃裏想吃東西，吃飯也香了，站的姿勢改為兩臂向前成圓形，手如托物狀，兩膝向前彎曲，收腹，挺胸，呼吸由自然漸深長。

　　做了一個多月，有時身上出冷汗，風濕熱發作次數減少了，全身有點蠕動，做完感覺全是舒服。兩個月時，如遇陰天，還是有點不舒服；到第三個月，天陰下雨都不怕了，風濕熱完全好了，體力也增加了，精神更好轉，每次能站20～30分鐘，每天能站兩三次。現在我自己都很奇怪，一切症狀都消失了，從前我不能划船，現在一試，我自己有氣力划船了。我現在每次能站40多分鐘。

王世明自述

（1958年8月，住瀋陽市朝陽大街三段水鑒里16號）

　　我現年47歲，是一名結核性支氣管擴張病患者，經常呼吸不均勻，氣短，上氣不接下氣，春秋季節變化易感

冒、發燒、咳嗽、吐痰，痰中帶血絲。西醫診斷，必須將右肺切除一葉半，病才能好；中醫診斷可不必開刀，但要有長期治療的思想準備，先止咳、化痰、順氣，以後長期吃藥，病雖不能根治，但可以不讓病向前發展。這期間，我又找到了教授體療鍛鍊的王薌齋老師。我把病情告訴了他。王老師講：人的身體健康，主要是內臟健康，才能算真正的健康人，有病除了藥物之外，主要靠自力更生。像你這樣的病，只要能用功鍛鍊，對身體健康一定有幫助。我就按王老師的指示去鍛鍊。

在鍛鍊的過程中，我又找了與我同病的患者張榮交談。張榮說：我已鍛鍊兩年了，總的感覺，鍛鍊後的精神比過去好多了，睡眠很正常，連續勞動四小時身體不感覺累，最顯著的是原來體重98斤，逐漸增加到117斤，痰量減少，結核菌沒有了。近年來北京幾次重流感，我未犯病。我聽了張榮的話後，安心鍛鍊，有一個月左右的時間，我已感到內臟有了變化，過去我呼吸不均勻、聲音發啞、氣短的現象又有些好轉，精神比過去好多了，食慾也增加了。由此我體會，內臟有病，是能鍛鍊健康的。

賈惠普自述

（1958年8月，住北京復興門外三里河三區53號）

62歲，北京房管局幹部。我在1952年患高血壓症，1953年又發現心絞痛症，1956年經醫院檢查確證為：高血壓症、心臟擴大、冠狀動脈循環障礙、動脈硬化、心絞痛症。服藥住院，長期治療，病症微覺好轉。從1956年12月

起學習站樁，耐心學習了一年半有餘，病症逐步減退，身體較前健康，收到顯著效果。茲就本人實際病症情況，前後比較，列表說明如下：

	站樁前症狀	站樁後現在症狀
頭部	頭昏目眩耳鳴鼻塞齒搖睡有鼾聲	頭清目亮耳聰鼻通齒固睡沒鼾聲
胸部	時常堵悶且有隱痛	有時堵悶微有痛意
腹部	消化不良大便不正常	消化很好大便正常
上肢	左臂有寒右臂麻木	左臂寒退右臂不麻
下肢	右腿腕部有寒下肢無力	右腿腕部寒退下肢有力
腳部	走路困難後跟裂且有腳氣	走路輕便腳後跟不裂沒腳氣
手部	除夏季外終年兩手冰涼	終年兩手溫暖
脊背	夏天怕風吹不敢袒背	夏天敢袒背不怕風吹
血壓	接近正常有時高	基本正常有時微高
睡眠	晝不睡夜失眠	午睡半小時夜睡七小時

我在站樁以來，以鍛鍊為主，休養為輔，很少服藥。

羨潔如自述

（1959年4月8日，住北京西郊民巷兵部窪91號）

年齡46歲，在北京鐵路局工作。現實病狀：胃痙攣時發作，發作時胃部抽動，呼吸困難，脈遲緩，周身出冷汗。此外還有神經性心臟間歇，大便秘結成球狀，畏寒，有時頭暈，睡眠不穩多夢，胃部經常有氣體在鼓動。歷年來，經過許多中西醫治療，中醫診斷說是肝氣，脾胃不和，身體太弱，氣血兩虧；西醫說是官能症，神經衰弱。吃過許多中西藥，也針灸過、蠟療過，但效果不大。

從三月初起站樁到現在已有一個月，已有些療效，有時胃病有要犯的預兆，就進行站樁，胃即咕咕作響，症狀就消失；便秘比以前減輕；心臟間歇最近未發作，臂痛已漸好，睡眠及飲食稍有好轉。呼吸亦較前暢通，但在站樁時也許由於精神有些緊張，所以呼吸仍感不暢，站樁後感到腰痛，並且左胸部肌肉發酸發緊。總的來說，自從站樁以後，精神及身體都感到暢快多了。

賈崇桂自述

（1956年5月15日）

現年45歲，1950年患高血壓病，當時血壓為158/120，仍堅持工作，至1954年6月28日，患腦出血，臥床二月有半，人事不省，已形成半身不遂，左半身不能動彈。後經西醫和針灸配合治療，至1954年10月能行走了，但左腿行動感到生硬發直，左手雖能展握，但發麻且左右手溫度相差太多。這種情況一直到今年4月仍然如是。出血時血

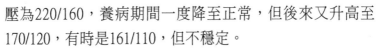

壓為220/160，養病期間一度降至正常，但後來又升高至170/120，有時是161/110，但不穩定。

開始站樁時，兩手溫差大，一手涼一手熱，腿也無力，血壓170/120。最初能站5分鐘，後來每天增加5分鐘，到一個月就一次能站到1小時零10分鐘。站到過半個小時，就全身發抖，震動很厲害，站完後全身出大汗，就好像洗完澡那樣舒服。

現在檢查血壓，高壓136、低壓100，比從前正常多了。兩手的溫度也差不多，腿現在走路也有力，感覺比從前輕快。精神上也特別有好轉，所以站得更有興趣了。

閻九德自述

（1958年8月9日，暫住北京安定門外石油部招待所）

我來自甘肅，35歲，是個石油部門的幹部。於1953起，因工作勞累而引起神經衰弱、關節炎兩種病，但沒有治療過。到1956年10月，患急性膽囊炎，做了膽囊摘除手術，術後引發高度神衰，從此開始休假治療，一直到1958年4月，病情未有好轉。在北京北大醫院檢查，診斷為：肝、脾腫大，神經衰弱，消化不良。經多家醫院治療，內服藥、理療、針灸等，均無大效，到6月，病更重了，行動上已有困難。

6月15日到王薌齋先生處學習站樁，一星期後，精神上稍有好轉；一個月後，精神感覺很好，走路已有力了。站樁50天後，經過醫院檢查，肝功能已恢復得基本正常，同時肝、脾也稍微小了一些。

現在的情況是：精神上恢復得很好，肝、脾痛已減輕，睡眠已有好轉，每晚可以睡3～4小時，消化情況也有好轉。我相信，只要我能堅持站樁，病症都可以好的。

步毓琨自述

（1958年8月，住北京西城區保安寺1號）

我55歲，是一個體育工作者，患高血壓、關節炎。一年前每天到中山公園練太極拳，走到後河沿時，看見許多人在樹蔭下、河欄邊一動不動地站在那裏，同行的人告訴我那叫「站樁」，對慢性病療效最高，勸我也參加。我是愛活動的人，對此實在不感興趣，但是因為好奇，不久也就參加了。

從那時開始，經過五六個月的鍛鍊，使我精力大大增加，從清晨鍛鍊後，至夜晚精神飽滿，過去疲憊衰老的現象消失，日常走路步履非常矯健，彈跳力也增強了，高血壓、關節炎症狀減輕，基本恢復正常。現在無論從身體方面或精神方面來看，至少年輕五年。

這種站樁除使身體強壯的人體力增加、衰弱的人恢復健康外，由於它存在各種不同的運動方式，因此它有非常有效的醫療作用。我親眼看見有關節炎、高血壓、神經衰弱、半身不遂等病症的人，曾經走遍了各醫院，但中西醫治療均效果不佳，走投無路，站樁原本是試試看，結果卻有效地治癒了他們的病。還有精神病患者站樁後精神安定了，有肺病的患者經過鍛鍊也恢復了健康。

站樁運動是外靜內動，加強血液循環，促進新陳代

謝，使肌肉疲勞，神經安定，內臟舒適。北京鐵路醫院、大連鐵路醫院都有站樁療法，並經檢驗證明，確使患者自力更生，以達慢性病不治自癒的效果。

六個月來我的耳聞目睹及個人體會，深切感到站樁運動是我國醫療價值很高的遺產之一，希望能廣為傳播，不但可使千千萬萬慢性病患者脫離苦海，還可以節約大批的醫藥費用。

趙鏞自述

（1958年9月5日）

從1954年冬，發覺我的血壓高症，右半身麻木，經醫療後麻木減退，遺留下兩腳發木，右腳比較重，行路感覺不便利。在1955年到1957年這兩年當中，不斷赴醫院檢查治療，但血壓一直不穩定，長時間高壓在180～190之間，低壓在90～100之間，頭目暈眩，兩腳麻木。1958年2月，低壓增高至110，行路兩腳如踩棉花，胸部鬱悶不暢，不思飲水，時常失眠，已造成神經衰弱。

從1958年3月我參加體療開始站樁，初次站時，神經不穩定，只能站極短的時間，時有站不住的情況，更無什麼感覺。後來逐漸穩定些，站的時間也能延長了，感覺到神經穩定，血壓也逐漸降低。迨至5、6月間，高壓降到140，低壓降到80，先是睡眠逐漸恢復正常，次覺胸部鬱悶減退，現在體內感覺異常舒適，飲食增加，四肢有力，兩腳麻木大見減退，於是更增加我站樁的信心和興味了。

無盡的思念

——懷念何鏡平先生

馬克偉

　　我最崇敬的何鏡平老師，離開我們已經快兩年了，在這段時間裏，老師的身影一直記在我心中。

　　我從十幾歲時就跟著何老師學習大成拳站樁功，老師告訴我，學習大成拳首先從站樁起，這是大成拳的真髓。

　　在最初學習大成拳站樁功的時候，感到很枯燥，周身酸痛，很難靜下來。每到這個時候，老師總是不厭其煩地進行輔導，針對我們習練中出現的問題，他常常是借由許多形象有趣的比喻講清道理。

　　比如我在習練中總是注意上半身的體會，很少注意腳下體會，老師看到這種現象後指出：「薌齋先生他教功時，讓學習站樁的人設想自己是水中的水草，全身都在水中飄蕩，兩腳如水草的根，深深地紮在泥中，而上身輕飄飄地隨水飄蕩毫無力量。」老師說：「只有這樣以下帶上的體會，身體才能完整協調統一。」

　　老師生動、形象的比喻，給我留下了深刻的印象，使我們在鍛鍊實踐中有所體會。在日常練功時候，由這種以下帶上的做法，我能將對方發、放出去，這就是保持自己的平衡，破壞對方的平衡，是上下協調的整體勁。

　　老師常說：「練大成拳椿功很重要，不是姿勢加角度、加時間，而是要把周身的蠻力由站椿功的鍛鍊轉化為功力，這就叫椿法換勁，無論是站椿或動作，都不能脫離大成拳的鬆緊、動靜、剛柔、虛實、上下、前後、左右及意念基本拳學思想理論法則。還要牢記薌齋先生所教導的保持頭直、目正、神莊、氣靜，讓人能從外表上看出有一團正氣的氣質，而在禦敵時切勿輕易出手傷人，更牢記恭、慎、意、切、和的武德精神。

　　老師經常告誡我們：「對待學術一定要有嚴謹、求實的科學態度。」在日常的鍛鍊中，對於我們學生提出的一些問題，他總是非常高興不厭其煩地說上很多遍，舉上一些意境深刻而有氣勢的例子。例如：他說：「鬆與緊的關係，放鬆不是一攤泥，而緊也不是渾身用僵力，而是鬆裏有緊，緊裏有鬆，鬆緊緊鬆勿過正。」使我們有了深的領悟。

　　我們學生一起練功的時候，老師常給我們講王薌齋先生的事蹟，講他如何向王老學拳。讓我很敬佩的是，他每說到自己老師時，總是那樣肅然起敬。

　　老師很關心大成拳學術的繼承和發展，經常教導我們年輕人：「對待學術要有實事求是的科學態度，同時還要有舉一反三的思維方式，要有勤學苦練的品德意志和科學探索的精神，這樣才能繼承學術和發揚學術。」

　　我從小時候跟老師在一起，老師不僅教我練功，而且教育我如何做人，在各個方面都很關心我。他每次參加學術活動都帶我一同去，使我從中學到了很多東西，開闊了

眼界。老師教大成拳不圖名、不圖利，從不索取別人錢，一心想把這門學術傳給後人。

老師雖然離我們而去，但是他的大成拳學術思想和他對大成拳學術嚴謹、求實的科學精神，深深影響著我們。我們要繼承老師的學術思想才是對老師最大的安慰。

老師，安息吧！

憶恩師──何鏡平先生

趙志剛

我從小就體弱多病，但非常喜歡運動。1982年8月，經我的同學，也就是我現在的二師兄曹建華介紹，有幸結識了何鏡平老師。

記得那是一個星期天的早上，我如約來到北京的日壇公園東南角，第一次見到何老。何老和善可親，臉上總是帶著微笑，高高的個頭有一米八幾，一雙明澈的眼睛彷彿能把你看透，給人一種不怒自威的感覺。

透過學習大成拳站樁功，我的身體強壯起來。何老師教學，總是針對每個人不同的情況，制訂出相應的教法。我體質比較弱，患有嚴重的胃病，每天都要吃幾袋胃氣止痛丸。何老就教我每天站兩小時養生樁。經過半年多的努力，終於把我的胃病徹底治好了，徹底甩掉了中藥丸。直到現在已有二十多年了，胃病再也沒有犯。這使我更加堅定了追隨何老習拳的信心。

後來，每逢星期日，我們這些何老的徒弟，就會相約著來到北海公園的後山坡上，身旁是常綠的松柏，放眼一望前面的一湖碧水，波光粼粼，氣定神凝地往那兒一站，迎著朝霞，看著冉冉升起的太陽，能使你的意念放大，有種老鷹展翅欲飛的感覺；有時又覺得自己像個巨人站在高

處向下俯視，有種「一覽眾山小」的感覺，這時候，你就會更深刻地理解何老所講的，在拳術訓練過程中，大成拳之所以要強調「意」的重要性。

何老的眼睛相當亮，你往那兒一站，他就能看出你回家練沒練，練到什麼火候。

記得何老過60歲生日那天，我們師兄弟相約來到何老家給何老祝壽。壽宴過後，何老提出讓我們師兄弟推推手，過過招。自己平時練功有些疏懶，心裏本就沒底，何老一眼就看出我沒好好練功，點名叫我與大師兄過招，結果只一搭手，我就被挑了出去，身體碰到隔斷牆才停下，連隔斷牆上的玻璃都撞碎了。何老只是看了我們一眼，並無責怪之意，但這在我心裏無疑是敲了一次警鐘，以後自己練功就主動勤勉多了。

現今，何老已永遠地離開了我們，但是他的音容笑貌已深深地印在我的腦海中。從今往後，我一定加倍努力練功，用自己辛勤的汗水來報答先師的恩德。

追憶恩師

張春林

何老師是大成拳創始人王薌齋老先生的得意弟子之一，自少年時就跟隨薌齋老人習拳練武，有深厚的造詣，特別是在薌齋老人關於大成拳的拳學理論方面，更是理解得透徹。我隨何老師學習大成拳十年有餘，一方面在拳學和功力方面有所進步，另一方面則是在老師的身上學到了許多更重要的東西。

何老師待人對事真誠正直，他從少年時起就跟隨薌齋先生習武，對薌齋先生的拳學思想非常尊崇。他一直主張和呼籲要正確地宣傳、繼承、發展薌齋先生的大成拳思想，直到病故前，還經常寫一些理論知識在他的博客和一些武術雜誌上發表，希望能對後人學習大成拳有所幫助，使中國功夫流傳百世。

何老師對王薌齋先生《大成拳論》的研究和理解有獨到之處，在傳授我拳學理論的時候，經常提到：整體之力，源於自下而上，由腳帶動全身，這才是根本，這才是關鍵所在，通過意念的長期鍛鍊，才能發揮出大成拳的整勁發力，也就是整體爆發力。

當時老師的生活條件拮据，受「四人幫」迫害後剛平反，居住在寶鈔胡同一個雜院的兩間小南房裏，工資也很

低，但對我們這些學生從沒有要求過所謂的「學費」等東西，就連逢年過節到他家拜訪，都不讓我們帶任何東西，只是說你們能把我傳授的大成拳練好並傳承下去，就是對我的最好報答。

他老人家在教我們這些學生拳學時，非常嚴格，從站渾元樁開始到試力、試聲、走步、推手等等，用薌老拳學思想和他自己對大成拳理論的理解，全身心傳授給我們這些學生。不管嚴冬酷暑，每個星期大家都會聚到公園向他彙報，自己有什麼感受、感覺和心得，領悟到了什麼。

當我有兩手之間的吸力、手臂的撐力及練到後來的兩腿蹬力等等，每一次新感覺出現，都會讓老師發自內心的高興。何老在七十多歲高齡，還親自帶我聽聽勁，指點我哪裡用勁得體，哪裡還有些僵硬。有時給我們細緻地講某一階段應用什麼意念，講到興奮時都會忘記了吃飯或休息，一講就是三四個小時，沒有一點疲倦感。他老人家對大成拳的執著，是催我奮進的力量，激勵我投入更多的精力在其中。他對我的教誨將使我受益終生。

歡迎至本公司購買書籍

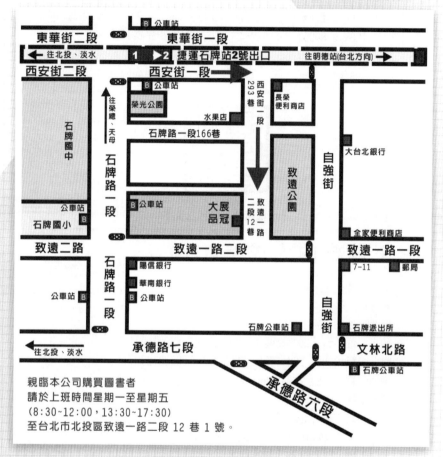

親臨本公司購買圖書者
請於上班時間星期一至星期五
(8：30~12：00，13：30~17：30)
至台北市北投區致遠一路二段 12 巷 1 號。

建議路線
1.搭乘捷運‧公車
　　淡水線石牌捷運站2號出口出站(出站後靠右邊)，沿著捷運高架往台北方向走(往明德站方向)，其街名為西安街，約走100公尺(勿超過紅綠燈)，由西安街一段293巷進來(巷口有一公車站牌，站名為自強街口)，本公司位於致遠公園對面。搭公車者請於石牌站(石牌派出所)下車，走進自強街，遇致遠路口左轉，右手邊第一條巷子即為本社位置。

　2.自行開車或騎車
　　由承德路接石牌路，看到陽信銀行右轉，此街即為致遠一路二段，在遇到自強街(紅綠燈)前的巷子(致遠公園)左轉，即可看到本公司招牌。

國家圖書館出版品預行編目資料

王薌齋的大成拳／何鏡平　著

－初版－臺北市，大展，2013〔民102.01〕
　面；21公分－（武術特輯；140）
　ISBN 978-957-468-922-4（平裝；附影音光碟）

1.拳術　2.中國

528.972　　　　　　　　　　　　　101022955

王薌齋的大成拳 附VCD

著　　者／何　鏡　平

發 行 人／蔡　森　明

出 版 者／大展出版社有限公司

社　　址／台北市北投區（石牌）致遠一路2段12巷1號

電　　話／(02) 28236031・28236033・28233123

傳　　真／(02) 28272069

郵政劃撥／01669551

網　　址／www.dah-jaan.com.tw

E-mail／service@dah-jaan.com.tw

登 記 證／局版臺業字第2171號

承 印 者／傳興印刷有限公司

裝　　訂／建鑫裝訂有限公司

排 版 者／千兵企業有限公司

授　　權／山西科學技術出版社

初版1刷／2013年（民102年）1月

定　　價／350元

大展好書　好書大展
品嘗好書　冠群可期